JN257662

プロ野球のスゴイ話
最強ベストナイン編

著　高橋安幸＆『野球太郎』編集部

ポプラ ポケット文庫

プロ野球のスゴイ話　最強ベストナイン編《へん》　もくじ

第1章

侍《さむらい》ジャパンは日本最強ベストナイン

第1章　侍《さむらい》ジャパンは日本最強ベストナイン

■野球の「ベストナイン」ってなんだ？

野球は、9人の選手同士で試合をするスポーツだ。これは少年（学童）野球でも、高校野球でも、プロ野球でも、どんなレベルの野球でもおなじ。9人といえば、数字の9は英語では「ナイン」なので、チームのことを「ナイン」とよぶ場合もある。

キミは「ベストナイン」という言葉を聞いたことがあるだろうか。「ベスト」とは「いちばんよい」という意味だから、これは「野球でいちばんよいチーム」をさす。

プロ野球の世界では、毎年、シーズンが終わったあとに、セ・リーグとパ・リーグの「ベストナイン」を選んで、その選手たちを表彰《ひょうしょう》している。投手、捕手《ほしゅ》、内野手（ファースト、セカンド、サード、ショート）に外野手3人と、パ・リーグのほうは指名打者も選ぶ（指名打者については163ページで説明しています）。それぞれのポジションで成績《せいせき》がよかった選手たちばかりだ。だから、もしも「ベストナイン」でひとつのチームを作ったら日本最強なのだが、そのもしものチームと同じぐらいスゴイのが、野球の日本代表、侍《さむらい》ジャパンのトップチームだ。

■外国のスゴイ選手たちに負けていられない

2015年11月、「世界野球プレミア12」という野球の世界大会がおこなわれた。この大会に侍ジャパンも出場したから、知っている人も多いだろう。

プレミア12に参加したのは、次にあげるとおり、全部で12の国と地域《ちいき》だ。日本、アメリカ、キューバ、チャイニーズ・タイペイ、オランダ、ドミニカ共和国、カナダ、韓国《かんこく》、プエルトリコ、ベネズエラ、イタリア、そしてメキシコ（このなかで地域《ちいき》は、チャイニーズ・タイペイとプエルトリコ）。

世界のなかでも、野球がうまい選手がそろっていて、これまでの大会で成績《せいせき》がよかった国と地域ばかり。プロ野球をよく見ている人なら、アメリカ、キューバ、韓国などの外国人選手が日本にやってきて、各チームで活躍《かつやく》しているのを知っているだろう。どの選手もバッティングはパワーがあり、投手なら速い球、するどい変化球を投げる。日本人よりもスゴイ選手はたくさんいるのだが、日本も負けていられない。

というわけで、侍《さむらい》ジャパンのトップチームは、外国のトップチームと戦うために結成された「日本最強ベストナイン」なのだ。

■「世界一」になった日本のプロ野球

トップチームのメンバーはすべてプロ野球選手たち。むかしは、プロの選手が野球の世界大会に出場することはなかったが、2000年のシドニーオリンピックから出場するようになった。ただ、そのときはまだプロの選手は8人だけで、社会人野球と大学野球の選手といっしょに代表チームを結成していた。

プロの選手のなかには西武《せいぶ》の松坂大輔《まつざかだいすけ》投手（現在《げんざい》はソフトバンク）がいて、社会人選手のなかには三菱重工長崎《みつびしじゅうこうながさき》の杉内俊哉《すぎうちとしや》投手（現在は巨人《きょじん》）がいた。大学生選手のなかには、中央大《ちゅうおうだい》の阿部慎之助《あべしんのすけ》選手（現在は巨人）、青山学院大《あおやまがくいんだい》の石川雅規《いしかわまさのり》投手（現在はヤクルト）がいた。しかしメダルはとれず、4位におわった。

全員がプロの選手で日本代表チームを結成するようになったのは、2004年のアテネオリンピックから。このときの日本代表は銅《どう》メダルを獲得《かくとく》した。するとその2年後の２００６年には、はじめてアメリカのメジャーリーグの選手も参加する野球の世界大会、第1回ＷＢＣ（ワールド・ベースボール・クラシック）がおこなわれた。日本代表にとっては苦しい戦いになったが、王貞治監督《おうさだはるかんとく》（元巨人《きょじん》）ひきいるチームは見ごとに優勝《ゆうしょう》。日本のプロ野球が「世界一」になったのだ。

■日本の選手が世界で活躍《かつやく》する時代

2年後、２００８年の北京《ぺきん》オリンピックでは、星野仙一監督《ほしのせんいちかんとく》（元中日《ちゅうにち》）ひきいる日本代表チームで出場したが、メダルはとれず4位。日本中が「世界一」を期待していたから、みんながっかりだった。次のロンドンオリンピックから、野球は競技《きょうぎ》種目からはずれることになっていたので、なおさら残念だった。

それでも、２００９年におこなわれた第2回ＷＢＣでは、原辰徳《はらたつのり》監督（元巨人）ひきいる日本代表チームで出場して、見ごと、二大会連続の優勝で「世界一」になった。第1回につづいて出場したイチロー選手（当時はマリナーズ）をはじめ、松坂大輔《まつざかだいすけ》

WBCで世界一になった日本代表。トロフィーを掲《かか》げるイチロー選手。

投手（当時はレッドソックス）、城島健司捕手《じょうじまけんじほしゅ》（当時はマリナーズ）、岩村明憲《いわむらあきのり》選手（当時はレイズ）、福留孝介《ふくどめこうすけ》選手（当時はカブス）と、5人の日本人メジャーリーガーが出場したことも強さの理由だった。まさに、日本のプロ野球選手がアメリカで、そして世界で大活躍《かつやく》する時代がやってきたのだ。

■野球はサッカーやラグビーとはちがう

野球選手も、サッカー選手やラグビー選手にとってのワールドカップのように、世界大会での活躍が注目されるようになってきた。

でも、野球がサッカーやラグビーとちがうのは、シーズン中は3月の終わりごろから10月のはじめまで、毎日のように試合があること。だから、日本のプロ野球選手も、アメリカの日本人メジャーリーガーも、いちばん大事なのはふだんの試合で活躍して、それぞれのチームで優勝《ゆうしょう》をめざすことだ。たとえ優勝できなくても、いい成績《せいせき》を残して、お金をたくさんかせげるようにがんばっている。

そのため、世界大会にむけての準備《じゅんび》がしっかりできない場合がある。2013年の

第3回WBCで侍《さむらい》ジャパンが優勝《ゆうしょう》をのがし、ベスト4に終わったのは、いろいろな準備《じゅんび》不足も原因のひとつといわれた。そこで、2017年、第4回のWBCでは侍ジャパンが優勝できるようにと、いろいろな準備がすぐにはじまった。

■2020年の東京オリンピックも注目

いろいろな準備とは、まず、侍ジャパンの監督《かんとく》・コーチを先に決めて、候補《こうほ》メンバーも早くからえらぶようにした。これなら、ふだんは12球団《きゅうだん》に分かれているプロの選手たちもひとつにまとまりやすく、新しく就任《しゅうにん》した小久保裕紀《こくぼひろき》監督（元ソフトバンクほか）もチーム全体の力がわかりやすい。

そのうえで、外国の代表チームと強化試合（練習試合）をしていくと、さらにまとまって強くなれる。2014年11月の日米野球、2015年3月の欧州《おうしゅう》代表との強化試合、さらにプレミア12も、すべて2017年のWBCにつながるものなのだ。

しかも、世界中が注目する2020年の東京オリンピックで、競技《きょうぎ》種目からはずれていた野球が、追加種目として提案《ていあん》されることが決まった。正式に追加が決まるのは

2016年8月だけれど、オリンピックに野球がもどるのはまちがいないといわれている。侍《さむらい》ジャパンとして、はじめての金メダルをめざすとしたら、メンバーはどうなるのだろうか。今から楽しみにしておこう。

■キミも侍ジャパンになれるかもしれない

もうひとつ、大事な準備《じゅんび》がある。じつは、侍ジャパンはトップチームだけではない。次にあげるとおり、ほかにも7つのカテゴリーがある。

社会人代表、U-21（21歳《さい》以下のプロ、社会人、大学生）、大学代表、U-18（高校生）、U-15（中学生）、U-12（小学生）、そして女子代表だ。

この7つのカテゴリーすべて、トップチームとおなじユニフォームを着て、「世界最強」をめざす戦いにのぞむ。そのように、子どものころから世界大会を経験《けいけん》することも準備なのだ。たとえば、日本《にっぽん》ハムの浅間大基《あさまだいき》選手は、中学生のときにU-15にえらばれて世界大会を経験し、横浜高《よこはまこう》では甲子園《こうしえん》に出場した。今後プロで活躍《かつやく》して侍ジャパントップチームにえらばれたら、まさに大事な準備ができていたことになる。

そして、小学生のチームもあるのだから、もしかしたら、キミも侍《さむらい》ジャパンになれるかもしれない。大会は一年おきに硬式《こうしき》（ワールドカップ）、軟式《なんしき》（アジア選手権《せんしゅけん》）にわかれているので、リトルリーグなどの硬式野球チームだけでなく、軟式の学童野球チームで活躍《かつやく》している選手にもチャンスはある。

世界を夢見《ゆめみ》てがんばろう！

■世界に通用するのはどういう投手？

さて、ここからは、侍ジャパントップチームの選手たちのスゴさを見ていこう。2015年のプレミア12に出場したメンバーを中心に、2017年のWBCで活躍《かつやく》が期待される選手もいっしょに紹介《しょうかい》していきたい。

解説《かいせつ》してくれるのは、侍ジャパンの投手コーチをつとめた鹿取義隆《かとりよしたか》氏。現役《げんえき》時代は1980年代から90年代にかけて、巨人《きょじん》と西武《せいぶ》でリリーフ投手として活躍し、優勝経験《ゆうしょうけいけん》もたくさんある。引退《いんたい》後は巨人でコーチ、第1回のWBCでも投手コーチをつとめたから、世界大会でどういう選手が活躍できるか、よく知っている人だ。

そこで「世界に通用するのはどういう投手か」を聞いてみると、こう答えてくれた。

「まず、コントロールのいいピッチャー。日本のピッチャーは、外国のピッチャーにくらべてスピードが出ないので、特にコントロールが大事です。じっさい、日本のピッチャーはみんなコントロールがいい。それと、得意なボールを持っていて、そのボールでよくストライクが入る。外国人バッターに対しても、おなじようにストライクが入る。そういうピッチャーがふだんの試合で勝てるし、勝てるピッチャーが世界に通用するのです」

■大谷《おおたに》投手はなにを練習すればいいのか

勝てるピッチャーといえば、2015年のプロ野球では、日本《にっぽん》ハムの大谷翔平《しょうへい》投手が15勝をあげて、パ・リーグ最多勝利のタイトルにかがやいた。鹿取《かとり》さんは、大谷投手をどう見ているのか。

「みんなにとって、あこがれの選手だと思います。ほんとうは、バッティングでも活《かつ》躍《やく》してもらいたかったですが、ピッチャーとして、2年つづけて10勝以上という結果

2015 年、パ・リーグ最多勝利のタイトルに輝《かがや》いた大谷翔平《おおたにしょうへい》投手。

を残しました。スピードでは日本でナンバーワンです。ただ、世界大会では、日本でいちばんのスピードもふつうなんです。なにしろ、スピードガンで計ったら、166キロなんてメジャーリーガーもいるぐらい。そうでなくとも、大谷《おおたに》投手とおなじレベルのピッチャーはたくさんいるので、スピードという特徴《とくちょう》だけでは勝負できません」

では、大谷投手はこれからなにを練習すればいいのだろうか。

「今の大谷投手の場合、変化球がまだあまりよくないです。10点満点だったら5点ぐらいです。そのあたりは、前田健太《まえだけんた》投手（広島《ひろしま》）、金子千尋《かねこちひろ》投手（オリックス）などにくらべると、もっと練習が必要だと思います。もちろん、2014年にくらべたら、大谷投手は明らかに進歩していて、コントロールもよくなっているので、変化球のレベルが上がれば、ぐーんと成長できるでしょう」

■エースとよばれるまでもう一歩の藤浪《ふじなみ》投手

大谷投手とおなじように背《せ》が高く、スピードのある投手がセ・リーグにもいる。阪《はん》神《しん》の藤浪晋太郎《ふじなみしんたろう》投手だ。鹿取《かとり》さんは、大谷投手の次に速いのが藤浪投手だという。

「藤浪《ふじなみ》投手は、ボールが速いだけでなく、強くなってきました。かなり成長していま す。セ・リーグの若《わか》いピッチャーはなかなか経験《けいけん》を積《つ》めないのに、入団《にゅうだん》した2013年から10勝、11勝、14勝と勝ってきたのは、それだけ能力《のうりょく》が高いからです」

セ・リーグの若《わか》いピッチャーが経験を積みにくいのは、なぜなのだろう。

「パ・リーグの場合は指名打者制《せい》なので、先発したピッチャーは、試合に負けていても代打を送られることがありません。でも、セ・リーグの場合は、6回、7回で負けていたら代打を送られる。まだ投げられる力があるといっても、試合に勝つために、マウンドからおりないといけないときがあるんです。だから、そのなかで結果を出すのはスゴイ。チームのピッチャーのなかで、順番が上のほうにきたと思いますし、まわりのみんなから『エース』とよばれるまでもう一歩ですね」

■ピンチのときほどがんばれる松井《まつい》投手

藤浪投手、大谷《おおたに》投手は身長が190センチ以上もある。でも、プロで活躍《かつやく》しているのは、体が大きい投手ばかりではない。たとえば、楽天《らくてん》の松井裕樹《まついゆうき》投手は身長174

2013年にデビューして、10勝、11勝、14勝と勝ち星を積み上げている阪神《はんしん》の藤浪晋太郎《ふじなみしんたろう》投手。

センチだけれど、２０１５年は、抑《おさ》えとして見ごとに33セーブをあげた。先発もできる左投手だから、期待したくなる。鹿取《かとり》さんはどう見ているのだろう。

「松井《まつい》投手は、体格《たいかく》がそれほど大きくないから、子どもたちに親しみがあるかもしれません。投げるボールについては、ストレートがいいし、チェンジアップもいいですね。それと、せっぱつまったときほどいい結果を出すのは長所です。ふつうは、若《わか》いピッチャーだと、ピンチでおいこまれたら、それだけでいいボールがいかなくなるものなんです。でも、松井投手はピンチでいいボールを投げられる。まだまだ成長して、どこまでのびるんだろう？　という期待感があります。これは大谷《おおたに》投手にしても、藤《ふじ》浪《なみ》投手にしてもおなじです」

■侍《さむらい》ジャパンは左投手が少なくても大丈夫《だいじょうぶ》

松井投手は左投手だが、プレミア12に出場した侍《さむらい》ジャパンでは、ほかに左投手は大野《おおの》雄大《ゆうだい》投手（中日《ちゅうにち》）だけだった。プロ野球では、左投手が苦手な左打者が多いことから、「左対左」という投手の起用方法がある。だから、「いい左投手がたくさんいるチームは試合で有利」といわれる。その点、侍《さむらい》ジャパンは左投手が少ないのではないだろうか。鹿取《かとり》さんに聞いてみよう。

「たしかに、全体のなかで見れば、左投手は少ないです。今の12球団《きゅうだん》に左投手が少ないので、これはしかたがありません。特に、若《わか》い左の先発投手が少ないですね。でも、左投手が少ないことは、あまり気にする必要はないと思います。侍ジャパンにえらばれるピッチャーは、相手チームの打線に強力な左バッターがならんでいるとき、左のリリーフ投手と交代させられるレベルではないからです。世界大会では、ふだんの試合ほど『左対左』を考えなくてもいいと思います」

■相手の目先を変えられるアンダースロー

侍ジャパンの投手のなかで、ちょっと変わったタイプなのが、牧田和久《まきたかずひさ》投手だ。地面スレスレになるほど下から投げる、めずらしいアンダースロー。２０１３年のＷＢＣのときも侍ジャパンにえらばれていて、年れいは30歳《さい》だから若くないのだが、おもしろい存在《そんざい》だ。鹿取さんによれば、こういう投手も必要だという。

「世界大会に出ると、アンダースローはめったにいません。だから、バッターの目がなれていない、という有利さがあります。試合の展開《てんかい》によっては、いてくれたほうがいいですね。先発がオーバースローだった場合、二番目にアンダースローの牧田《まきた》投手が出てくると、相手チームの打線、各バッターの目先を変えられると思う。監督《かんとく》が試合の流れを変えたい、というときには投げてもらいたい投手ですね」

ほかに、いてくれたらいいタイプはどういう投手だろう。

「タイプというか、その年、その年で成長したピッチャーです。たとえば、2015年は、DeNAの山﨑康晃《やまさきやすあき》投手。新人でも抑《おさ》えて活躍《かつやく》して、はじめて侍《さむらい》ジャパンにえらばれました。一年で成長した選手は力を発揮《はっき》しやすいんです」

■安心して捕手《ほしゅ》をまかせられる嶋《しま》選手

はじめて侍ジャパンにえらばれた選手といえば、野手にもいる。ヤクルトを優勝《ゆうしょう》にみちびいた捕手、中村悠平《なかむらゆうへい》選手だ。2015年はプロ7年目でついにレギュラーになり、守りの要《かなめ》のポジションで活躍したことがみとめられたのだ。鹿取《かとり》さんがいう「その年で成長した選手」にも当てはまる。

「キャッチャーは、とても体がつかれるポジションです。だれにでもできるわけではないし、すぐに成長できないし、ヒットをたくさん打てる選手もあまりいない。ケガもしやすいので、どうしても、侍《さむらい》ジャパンに入れるだけのキャッチャーは少なくなります。そういうなかで中村《なかむら》選手が成長したのはよかったですね」

少ないなかでも、嶋基宏《しまもとひろ》選手（楽天《らくてん》）は経験豊富《けいけんほうふ》でたよりになる捕手《ほしゅ》だ。

「嶋選手は、安定したバランスでピッチャーをリードできるので、安心してまかせられます。侍ジャパンのキャプテンをつとめてきた功績《こうせき》も大きいです」

捕手は盗塁《とうるい》をさすのも大事な役目だが、その点、炭谷銀仁朗《すみたにぎんじろう》選手（西武《せいぶ》）は肩《かた》が強い選手として知られている。

「たしかに、肩は重要です。しかし、キャッチャーの肩の強さだけで盗塁をさすのはむずかしい。ピッチャーがクイックモーションで投げて、協力しないとさせません」

■バッティングもすぐれた内野手たち

つづいて、内野手を見ていこう。まず、ファーストは中田翔《なかたしょう》選手（日本《にっぽん》ハム）。

「今の日本のプロ野球では、ファーストは外国人選手が守ることが多い。じつは、『ファーストならこの人！』といえる日本人選手が少ないんですね。そのなかで中田《なかた》選手はかなりうまい。日本の4番バッターとしてのバッティングもスゴイですけど、守りもいい。打球に対する反応《はんのう》がいいです」

セカンドは、山田哲人《やまだてつと》選手（ヤクルト）。2015年には3割《わり》30本30盗塁《とうるい》を達成し、ホームラン王、盗塁王にもなった。2017年のWBCに向けて、大きな期待がかかる選手のひとりだ。鹿取《かとり》さんも「打つほうはほんとうにスゴイ」と感心している。

そのほか、守備《しゅび》力がスゴイのは、45名の候補《こうほ》メンバーにえらばれた広島《ひろしま》の菊池涼介《きくちりょうすけ》選手。守れる範囲《はんい》がとても広くて、スーパーファインプレーで目立っている。

サードは、松田宣浩《まつだのぶひろ》選手（ソフトバンク）。

「バッティングは思い切りがよくて、どんどん初球から打っていける。松田選手のようなバッターは、世界大会でも力を発揮《はっき》しやすいと思います。しかも、松田選手は

守りでも信頼《しんらい》を得ている日本《にっぽん》ハムの中田《なかた》翔《しょう》選手。

2015年、3割《わり》30本30盗塁《とうるい》を達成し、ホームラン王、盗塁王にもなったヤクルトの山田哲人《やまだてつと》選手。

チャンスで勝負強い。打てばチームが乗っていける〝ムードメーカー〟として、これからもいてほしい選手でしょうね」

ショートは実績《じっせき》のある坂本勇人《さかもとはやと》選手（巨人《きょじん》）のほか、鹿取《かとり》氏は田中広輔《たなかこうすけ》選手（広島《ひろしま》）の守備《しゅび》力にも注目している。田中《たなか》選手は侍《さむらい》ジャパンの一次候補《こうほ》にえらばれた。

「田中選手が所属《しょぞく》する広島の球場、マツダスタジアムは、内野が天然芝《しば》のグラウンドです。人工芝《じんこう》のグラウンドにくらべて、ゴロを捕《と》るのがむずかしいんです。だから、特にうまいといえると思います」

■守備力が高く、打力も足もある外野手

外野手は守備力が高く、バッティングのいい選手がそろっている。ここにも3割《わり》30本30盗塁《とうるい》を達成したスゴイ男、柳田悠岐《やなぎたゆうき》選手（ソフトバンク）がいる。

「いつも柳田選手を見て感じるのは、バットがよく振《ふ》れているな、ということ。振れているぶんだけ、三振《さんしん》も多いんですけど、やっぱり、振らないと30本以上もホームランを打つのはむずかしい。足も速いし、プレー全体で魅力《みりょく》がありますね」

2015年、3割《わり》30本30盗塁《とうるい》のトリプルスリーを達成したスゴイ男、ソフトバンクの柳田悠岐《やなぎたゆうき》選手。

また、シーズン216安打の日本新記録を達成した秋山翔吾《あきやましょうご》選手（西武《せいぶ》）もいる。

「2014年の成績《せいせき》があまりよくなかっただけで、もともと力はあった選手です。2013年は侍《さむらい》ジャパンのメンバーとしても活躍《かつやく》してくれました」

そのバッティングは、以前にくらべてバットをねかせるようにして、かまえを変えたことでよくなったといわれている。

「それは秋山《あきやま》選手にかぎらず、打てるバッターはみんなそういう工夫《くふう》をしてきています。そのなかで秋山選手のバッティングは、子どもたちにまねしてほしいですね」

ぜひ、秋山選手の打ち方に注目してみよう。

■ホームランバッターがいるか、いないか

もうひとり、「成長した選手」をあげると、筒香嘉智《つつごうよしとも》選手（DeNA）がいる。

「2014年の日米野球のとき、ソフトバンクの中村晃《なかむらあきら》選手がケガで出られなくなって、急きょ、侍《さむらい》ジャパンにくわわったのが筒香選手でした。そこで結果を出した筒香選手は、2015年のシーズンに打率《だりつ》3割《わり》1分《ぶ》7厘《りん》、ホームラン24本と好成績《こうせいせき》を残

2014年の日米野球で、急きょ、侍《さむらい》ジャパンにくわわった長打力が魅力《みりょく》のDeNA・筒香嘉智《つつごうよしとも》選手。

しました。長打力はもともとあって、そこにうまさがそなわってきましたね。守備《しゅび》もうまくなって、肩《かた》の強さもあるので、これから楽しみです」

筒香《つつごう》選手のように長打力のあるバッターは、ぜひいてほしい選手だ。世界大会の試合ではあまりホームランが出ないものだが、ホームランバッターがいたら、相手バッテリーはかなり警戒《けいかい》する。いるといないとでは、大きくちがうという。

その点、指名打者としては、ホームラン王に6回もかがやいている中村剛也《なかむらたけや》選手（西武《せいぶ》）に期待したい。2017年には34歳《さい》になるが、まだまだがんばれるはずだ。

■2017年に向けて成長が期待される森《もり》選手

ホームランということでは、侍《さむらい》ジャパン候補《こうほ》メンバー45名にえらばれた森友哉《ともや》選手（西武）も長打力があり、成長が楽しみだ。2015年は打率《だりつ》2割《わり》8分《ぶ》7厘《りん》、ホームラン17本をかっ飛ばした。

「2017年に向けては、必ずメンバーにいてほしい選手だと思います。バットがよく振《ふ》れる、という意味では、ソフトバンクの柳田《やなぎた》選手とおなじ魅力《みりょく》があります。でも、スイングはまだおなじレベルではいないですね。ただ思い切りよく振《ふ》りにいっているだけなので、来たボールにタイミングが合えば、当たって遠くまで飛んでいく。でも、どんなカウントでも、どんなボールでも振りにいっているので、経験《けいけん》のあるピッチャーなら、今の森《もり》選手はこわくないと思います。だから、森選手としては、これから、ボールを見きわめることが大事になる。ただ、なんといってもバットを振れるのはスゴイ。成長したら、とんでもないホームランバッターになるかもしれません」

2015年は指名打者、外野手として出場した森選手だが、ほんとうのポジションは捕手《ほしゅ》だ。数少ない「打てるキャッチャー」としても成長に期待したい。

■ぜひ見てほしい、プロの選手が練習する姿《すがた》

ここまで登場したのは、野球がいちばんうまいプロのなかでも特にうまい、スゴイ選手たちばかりだ。鹿取《かとり》さんとしては、試合でのプレーを見てほしいのはもちろん、もうひとつ、小学生のみんなに見てもらいたいものがあるという。

「ぼくは、練習を見てもらいたいんです。スゴイ選手たちがどういう練習をしている

のか、知ってほしい。もし、試合を見に球場に行くことがあったら、少し早く、球場が開く時間に行くと、選手たちが練習している姿《すがた》を見られます。そこで守備《しゅび》、ティーバッティングの動きを特に見てほしい。それらを見ていると、あのプレーはこういう練習があってできたのか、と感じられると思う。小学生はプロとおなじようにできないとしても、プロだっていきなりスゴイんじゃないんだ、と感じてほしいんです」

プロ野球選手にも、小学生で野球をやっているときがあった。そんなことを考えながら、好きな選手の練習を見るのもいいかもしれない。

■うまくなるために、いつもボールにさわっていよう

じつは、解説《かいせつ》してくれた鹿取《かとり》さんは、侍《さむらい》ジャパントップチームのコーチだけでなく、U－15の監督《かんとく》をつとめたこともある。中学生、さらには小学生の野球選手を指導《しどう》する機会も多いので、これから野球でがんばりたい子に向けてアドバイスをもらった。

「まずはボールになれること。なかなか思いどおりに野球ができない子は、たぶん、ボールに対してこわさがあると思うので、なれてほしい。なれるためには、いつも

ボールにさわっていること。そのうちにこわくなくなります。あるいは、ボールがこわくて守れないなら、バッティングからはじめたっていいんです。野球でいちばん楽しいのはバッティングだと思うので、当たったときの手ごたえのよさ、ボールが飛んでいくうれしさを感じてほしい。野球はいきなりうまくならない。小さなことの積《つ》みかさねでうまくなると思うので、ふだんの練習をしっかりやってください」

侍《さむらい》ジャパンのコーチをつとめた、巨人《きょじん》と西武《せいぶ》で活躍《かつやく》した鹿《か》取義隆《とりよしたか》氏。

第2章 ベストナインポジション編《へん》

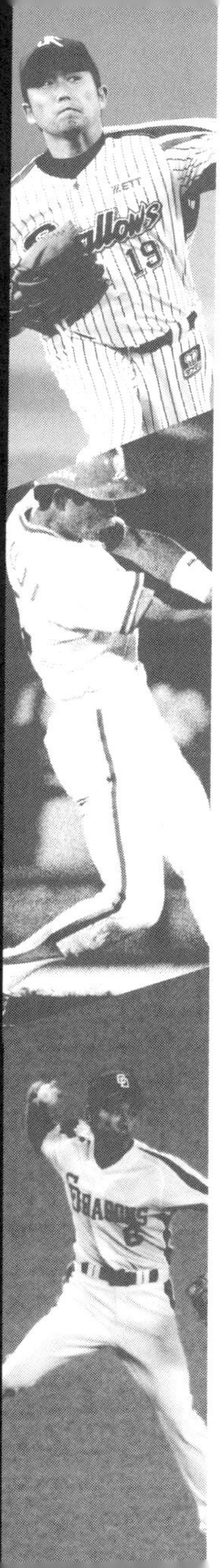

第2章　ベストナイン　ポジション編《へん》

■野球のポジションって何？

　ポジションとは、英語で「場所、位置」という意味。野球では「守備位置《しゅび》」のことで、ピッチャー＝投手、キャッチャー＝捕手《ほしゅ》、ファースト＝一塁手《いちるい》、セカンド＝二塁手、サード＝三塁手、ショート＝遊撃手《ゆうげき》、レフト＝左翼手《さよく》、センター＝中堅手《ちゅうけん》、ライト＝右翼手《うよく》と、ぜんぶで9つある。

　この9つのポジションは、バッテリー、内野手、外野手と、大きく3つに分けられる。バッテリーとは、つねにボールをやり取りするピッチャーとキャッチャー、ふたり合わせたよび方。内野手とはファースト、セカンド、サード、ショートをまとめたよび方、外野手とはレフト、センター、ライトをまとめたよび方だ。

　また、9つのポジションは、1から9までの数字でしめすことができる。甲子園《こうしえん》の高校野球を見たことがある人なら、投手の背番号《せばんごう》が〈1〉、捕手が〈2〉、ファーストが〈3〉、となっているのを知っているだろう。プロ野球の背番号《せばんごう》とはちょっとちがう。なぜなら、これは守備《しゅび》位置の数字をそのまま背番号にしているからだ。だから、セカンドが〈4〉、サードが〈5〉、ショートが〈6〉、レフトが〈7〉、センターが〈8〉、そしてライトが〈9〉となる。

■ポジションは数字で表せる

1～9までの守備位置の数字をおぼえておくと、テレビの野球中継《ちゅうけい》もわかりやすくなる。たとえば、ダブルプレーのとき。アナウンサーが「6、4、3で2アウト!」と言うのを聞いたことがあるかもしれない。

これはつまり、ゴロを捕《と》ったショート〈6〉からセカンド〈4〉へ送球、さらにセカンドからファースト〈3〉へと送球されて、ダブルプレーになったということ。球場のスコアボードでも、選手の名前のところに守備位置が数字でしめされているので、観戦に行ったときはよく見てみよう。

もうひとつ、おぼえておくといいことがある。ポジションは漢字一文字でしめされる場合もある。たとえば、サードとショートの間をぬけたヒットのことを、「三遊間をぬけたヒット」という。これは三塁手《さんるいしゅ》の「三」、遊撃手《ゆうげきしゅ》の「遊」、その「間」という意味。おなじように、セカンドとショートの間なら「二遊間」、ライトとセンターの間なら「右中間」となる。これらはテレビの野球中継《ちゅうけい》で使われているほか、新聞でも漢字で表記しているから、確認してみよう。

■守るとは、相手に点を取らせないこと

では、9つあるポジション、グラウンド上の9人の選手たちは、なんのためにいるのだろう。もちろん、守るためにいるのだけれど、その役割《やくわり》は、ただボールを捕《と》ってアウトにするだけではない。

守備のいちばん大事な役割は、相手に点をあたえないことだ。そのために9人が協力して守っている。野球は1点でも多く取ったほうが勝つ競技《きょうぎ》だから、自分たちが勝つために、相手に点を取らせないように守るのだ。

投手が相手バッターを三振《さんしん》にうち取れば、たしかにまわりの野手はなにもすること

がない。でも、三振《さんしん》はいつまでもつづかない。ゴロを捕《と》り、フライを捕ってアウトにする。ヒットを打たれても、そのランナーをホームにかえさないようにみんなで守る。守備《しゅび》とは、９人全員で守ることだ。

■守備の名手におくられる賞

プロ野球の世界では、毎年、各ポジションごとに、いちばん守備がうまかった選手を表彰《ひょうしょう》している。セ・リーグとパ・リーグで９人ずつが選ばれ、〈ゴールデングラブ賞〉という名の賞がおくられる（外野手はレフト、センター、ライトを分けずに３人を選ぶ）。今から40年以上前、１９７２年に表彰が始まったときには〈ダイヤモンドグラブ賞〉という名称《めいしょう》だったが、86年から現在《げんざい》の名称に変わった。受賞者は、まさに金色（ゴールド）の革《かわ》で作られたグラブをもらえることになっている。

グラウンド上で金色に光《ひか》り輝《かがや》くような、すばやくてキビキビとした体の動き。とても捕れそうにないような打球にも追いつく足の速さ、深い位置からでも正確《せいかく》に速く投げられる肩《かた》の強さ。守備のうまい選手のプレーは見ていておもしろいし、さすがプロだなあ、と感じることが多い。

そこで、ここから先は、各ポジションで守備《しゅび》がうまい名手を紹介《しょうかい》していく。同時に、それぞれのポジションにはどういう役割《やくわり》と特徴《とくちょう》があるか、どういう性格《せいかく》の選手が向いているか、などを解説《かいせつ》していこう。

◆ピッチャー＝投手◆

■エースは守備《しゅび》力もスゴイ

広島《ひろしま》の前田健太《まえだけんた》投手、ヤクルトの石川雅規《いしかわまさのり》投手、中日《ちゅうにち》の浅尾拓也《あさおたくや》投手、オリックスの金子千尋《かねこちひろ》投手、ロッテの涌井秀章《わくいひであき》投手、そして今はメジャーリーグにいる田中将大《たなかまさひろ》投手、ダルビッシュ有《ゆう》投手。この7人全員に共通しているのは、ゴールデングラブ賞を受賞したことがあるということだ。

みんな、投手陣《じん》の中心になるだけの、投げる能力《のうりょく》を持っている。でも、投げるだけじゃなくて守備力もスゴイ。では、投手の守備にはどういうものがあるのだろう。

まず、投げ終わったあと、すぐに守りの体勢《たいせい》になること。そうしてゴロはもちろん、強烈《きょうれつ》なライナーが向かってきてもサッとグラブを差し出せるようにする。相手がバントの構《かま》えをしてきたら、すばやくマウンドをかけおりる。じっさいにバントをしてきたらすばやく捕《と》って、アウトを取れる塁《るい》に送球する。

ランナーを出したら、かんたんに盗塁《とうるい》されないよう、ランナーを塁に引き止めておくために牽制《けんせい》球を投げる。走られても捕手《ほしゅ》がランナーをさしやすくするため、ふだんよりも動きの小さいクイックモーションで投げることも必要だ。

■投手は「9人目の野手」だ

投手は、自分で守る以外にもやらなければいけないことがある。

自分の左側に打球が飛んだときには、一塁のベースカバーに入る。入る直前、走りながら、ファースト、ときにはセカンドから送球されたボールを捕《と》る。これはおたがいのタイミングを合わせないといけないから、プロでもけっこうむずかしい。

また、外野に打球が飛んで野手の間を抜《ぬ》けたら、外野手からの三塁への送球、ホームへの送球にそなえてバックアップする。

投げるだけで終わりじゃない。だから、投手は「9人目の野手」といわれる。いつも8人の野手に助けられている投手自身が、守りをうまくこなせれば野手とおなじ。自分で自分を助けることにつながるのだ。

ほんとうにすぐれた投手は、投げることの能力《のうりょく》が高度な上に、投げる以外の役割《やくわり》も野手とおなじようにこなせる。まさに、最初に名前をあげた7人全員がそうなので、彼《かれ》らの投げる前と後にも注目しよう。

■監督《かんとく》に信頼《しんらい》される投手とは？

では、投げることそのものは、どういう役割があるのだろう。

まず、プロの先発投手なら、少なくとも100球を投げること。投球回数にすると、5回から7回ぐらい。9回まで完投できればいちばんいいけれど、プロでも調子がよくないときはあるし、相手バッターの調子などにもよる。しかもプロ野球のシーズンは4月から10月までと長くて、疲《つか》れもある。だから、たまにスゴイ投球で完ぺきにゼロに抑《おさ》える投手よりも、いつもおなじように力を出せる投手のほうが監督・コーチに信頼される。

■コントロールって、なんだ？

信頼《しんらい》という面では、コントロールよく投げることも大事だ。

コントロールとは、自分で思ったところ、捕手《ほしゅ》が構《かま》えたところに投げられる能力《のうりょく》をさす。どんなに速い球を持っていても、どんなにいい変化球を持っていても、コントロールがよくないと捕手が困《こま》る。バッターを抑《おさ》えるための配球ができず、行き当たりばったりになってしまうのだ（配球については、捕手のコーナーで説明する）。

さらに信頼でいえば、ランナーを出して、二塁《にるい》、三塁まで進まれたあと。点を取られやすい状況《じょうきょう》になったときでも、あわてずに落ち着いて、ゼロに抑えられる投手が信頼される。１本もヒットを打たれないノーヒットノーランはめったにできない大記録。だから、ヒットを打たれても０点に抑えることが大切だ。

■おくびょうな人は投手向き？

打たれても０点に抑えられる――。どんな性格《せいかく》の選手であれば、投手として、それだけの役割《やくわり》を果たせるのだろう。マウンド上であわてずに落ち着ける、ということは、自分に負けない気持ちの強さが必要なのだろうか。

もちろん、気持ちの強さは必要だ。でも、自分の力だけでは0点に抑《おさ》えられない。そのことをよくわかる性格《せいかく》でないと、ほんとうに気持ちが強いとはいえない。

じつは、投手は、おくびょうで用心ぶかいほうがいい。なぜかというと、用心ぶかい人は、自分が打たれて負けてしまわないように、相手のことをよく見て考えて、観察して、長所と弱点を探《さが》せるからだ。

■ほんとうに気持ちが強い投手とは?

反対に、相手に関係なく、「オレがいいボールを投げていれば抑えられるんだ」と思っている投手。まわりから見れば、いかにも気持ちが強そうに見えるかもしれない。でも、相手を観察していないぶんだけ、打たれ始めると、とたんにくずれてしまう。

投手は、相手の長所と弱点を知ったうえで、どこに投げればいいかをわかって投げて、抑えると自信になる。ヒットを打たれても、打たれた理由がわかるから、ランナーを出してもあわてなくてすむ。あるいは、このバッターは無理に三振《さんしん》をねらわずに打たせて取ろう、内野ゴロならみんながアウトにしてくれる、と考えられる。そうして、「オレはみんなに助けられている、だからがんばらなきゃ」と思える性格《せいかく》の投手こそが、ほんとうに気持ちが強い投手だ。

■背《せ》が高ければいいわけじゃない

日本《にっぽん》ハムの大谷翔平《おおたにしょうへい》投手は身長193センチ、阪神《はんしん》の藤浪晋太郎《ふじなみしんたろう》投手は198センチ。このふたりを見ていて、ピッチャーって背が高いほうがいいのか、と思う人は多いだろう。たしかに、背は高いほうがいいけれど、背が高くないと活躍《かつやく》できないわけではない。では、どういう体なら、背が低い投手でもプロで活躍できるのか。

まず、肩《かた》から先の筋肉《きんにく》の力、握力《あくりょく》などが強くて、下半身がしっかりしていると、強いボールを投げられる。さらに、体全体をしなやかに動かせるバランス感覚と、指先の感覚がすぐれていると、コントロールよく投げられるし、いい変化球が身につく。それらの体の条件《じょうけん》に、身長の高い低いは関係ない。

■身長167センチで通算144勝

いちばんいい例が、身長167センチの左腕《さわん》、ヤクルトの石川投手《いしかわ》だ。秋田商《あきたしょう》では甲子園《こうしえん》に出場し、青山学院大《あおやまがくいんだい》ではエースとして活躍《かつやく》。プロ1年目の2002年に12勝をあげて新人王にかがやき、すぐに先発投手陣《じん》の一員になった。そうして毎年のように10勝以上をあげ、プロ15年間で通算144勝をあげている。80年の歴史あるプロ野球で通算150勝以上の投手は50人もいないので、これはかなりスゴイ記録なのだ。

石川投手の場合、ストレートのスピードは130キロ前後と速くはない。そのため、ホームランを打たれることも多く、調子のいいときと悪いときの差もあり、「絶対的《ぜったい》な大エース」とはいえない投手だ。でも、いちばんの武器《ぶき》のシンカーをはじめ、6種類の変化球をうまく使って、相手バッターを抑《おさ》える技術《ぎじゅつ》がスゴイから長く活躍してきた。もちろん気持ちの強さもあり、ゴールデングラブ賞を受賞した守《しゅ》備力《び》もある。投手とはなにが大事なのか、見ているだけでよくわかるはずだ。

身長167センチ。15年間で通算144勝のヤクルト・石川雅規《いしかわまさのり》選手。

■学童野球で投手になるには？

ピッチャーはかっこいいからボクもやりたい――。学童野球をやっている人なら、だれでもそう思うだろう。その気持ちはとても大事だけれど、ストライクが入らないと投手にはなれない。そこで、投手をやりたい人は、キャッチボールで相手の胸《むね》を目がけて、つづけて投げられるようにしよう。さらに、遠くはなれた所から体全体を使って投げて、相手の胸にとどくようにする。その次に、じっさいにピッチング練習をする。正しいボールの握《にぎ》りとフォームについては、監督《かんとく》・コーチに指導《しどう》してもらおう。

ピッチング練習では、弱くておそい球でストライクを入れても意味がない。力いっぱい投げて、自分に合った投げ方をおぼえることが大事だ。そうして、つづけてストライクが入るようになって、もしも試合でマウンドに上がったら、捕手《ほしゅ》のミットを目がけて投げる。三振《さんしん》をとろうと思わなくていい。フォアボールを出すなら、ヒットを打たれたほうがいい。どんなかたちでも、３つのアウトを取れたら、きっと次の試合でもマウンドに立てるはずだ。

◆キャッチャー＝捕手《ほしゅ》◆

■ひとりだけ反対方向を見ている

捕手は「グラウンド上の監督《かんとく》」ともいわれるポジション。9人のなかでひとりだけ反対の方向を見て守り、投球を受けるときは座《すわ》っている。低い位置からグラウンド全体を見わたせるので、ベンチから指示《しじ》を出す監督とおなじように、いつも冷静で、広い視野《しや》を持つことがもとめられる。

じっさい、中日《ちゅうにち》の谷繁元信《たにしげもとのぶ》捕手は、プロ26年目の2014年から監督を兼任《けんにん》した。15年のシーズンかぎりで選手としては引退《いんたい》したが、もともと、大洋《たいよう》・横浜《よこはま》時代から正捕手としてチームを引っぱり、優勝経験《ゆうしょうけいけん》も豊富《ほうふ》だった。どうすれば勝てるか、負けても次につながるものをえられるか、長年、常《つね》に考えて結果を出してきたからこそ、まさに「グラウンド上の監督」となれたのだ。

■かぎりなく監督《かんとく》に近いポジション

監督兼任《けんにん》は、谷繁《たにしげ》捕手《ほしゅ》がはじめてではない。1990年代のヤクルトで、何度も優勝《ゆうしょう》を経験《けいけん》した古田敦也《ふるたあつや》捕手も、2006年から2年間、監督を兼任した。また、古田捕手を指導《しどう》しながらヤクルトを強くした野村克也《のむらかつや》監督も、南海《なんかい》時代に8年間、監督兼任で捕手をつとめた。1973年にはチームを優勝にみちびいている。

また、巨人《きょじん》のV9（日本シリーズ9連覇《れんぱ》）時代の正捕手、森昌彦《もりまさひこ》（祇晶《まさあき》）選手は、西武《せいぶ》の監督として日本シリーズ3連覇を二度達成。その黄金時代の正捕手だった伊東《いとう》勤《つとむ》選手も、引退《いんたい》後に西武の監督として日本一になり、その後、ロッテの監督になった。

捕手というポジションはかぎりなく監督に近く、強いチームには必ず名捕手がいる、といえるだろう。

■しっかり捕《と》れば、投手は安心する

監督に近い捕手だが、その役割《やくわり》はほかにもたくさんある。

まず、試合でいちばん多い役割《やくわり》は、投手のボールを受けること。決して、後ろにそらすことなく、正確《せいかく》に捕球《ほきゅう》しなければならない。そうして「どんなボールを投げても必ずしっかり捕《と》ってくれる」という安心感をあたえられると、投手は思い切ったピッチングができるようになる。投手と捕手《ほしゅ》の組み合わせを「バッテリー」というが、このバッテリーの信頼《しんらい》関係が野球ではとても大事で、信頼の始まりが正確《せいかく》な捕球なのだ。

捕球でむずかしいのが、ワンバウンドの球。落ちる変化球の場合、ワンバウンドするぐらい低めにいくと空振《からぶ》りしてくれるから、これを捕る、止める技術《ぎじゅつ》が必要になる。もしも三塁《さんるい》にランナーがいて後ろにそらしたら、1点を取られてしまうからだ。

その点、楽天《らくてん》の嶋基宏《しまもとひろ》捕手は、大学で捕手になったころ、ワンバウンドを捕るのが苦手だったという。もともと高校では内野手だったので、ゴロを捕るように体が前に出てしまい、ボールと体がぶつかる感じになっていたのだ。そこで、体をやわらかいクッションにして止める感覚を意識《いしき》しつつ、「なにがなんでも止めてやる」とは思わないで力まないようにしたら、しだいにうまく捕れるようになったそうだ。

■配球ってなんだ?

ワンバウンドもしっかり捕球《ほきゅう》できて、バッテリーの信頼《しんらい》関係ができた。次にもとめられる捕手《ほしゅ》の大事な役割《やくわり》は〈配球〉だ。

配球とは、かんたんにいえば、投げるボールの種類と順番のこと。まず1球目になにを投げるか、次になにを投げるか、その次は……というふうに、相手バッターをアウトにするための組み立てを考えていく。たとえば、1球目は速いボール、2球目はおそいボール、3球目はまた速いボール、というのも、ごく基本《きほん》的ではあるけれどちゃんとした配球だ。

配球で大事なのは、なぜそのバッターに対して、速い、おそい、また速いという種類と順番に決めたのか、ということだ。バッターのタイミングをはずすため、だとしても、相手バッターの特徴《とくちょう》、ランナーがいるいない、アウトカウント、投手の調子など、いろいろな情報《じょうほう》を頭に入れて決めないといけない。ヒットを打たれても大丈夫《だいじょうぶ》なのか、1点でも取られたら負けなのか、そうした状況《じょうきょう》によっても配球は変わってくる。

■3球三振《さんしん》にしとめる観察力

捕手《ほしゅ》が配球を考えて決めるための情報《じょうほう》は、今打席に入っている相手バッターを観察することで数多くえられる。バッターのスタンス、見のがし方、ファウルの打球の飛び方はもちろん、投球への反応《はんのう》でもえられる。

たとえば、1球目、ストライクゾーンに変化球を投げさせて、バッターがまったく反応しなかったとする。その様子を観察すれば、「ストレートを待っていたから反応しなかったのかな」と考えられる。また、そのときに前の打席での結果を思い出して、変化球に手を出していなかったことに気づけば、「これはやっぱりストレートを待っているんだな」と、次の球が決まってくる。

名捕手《ほしゅ》は、そのように観察力を生かして相手のねらいをはずすのがうまい。谷繁《たにしげ》選手の場合、3球三振にしとめる場面がよく見られた。ふつう、2ストライクに追いこんだら、1球ははずすものだが、谷繁選手はそこであえてストライクを投げさせる。すると、相手バッターが「え？」という顔をして見のがし三振となる。

また、古田《ふるた》選手の場合、「失投」といわれるど真ん中のストライクをうまく使って

2014年-2015年にわたり監督《かんとく》と選手を兼任《けんにん》した中日《ちゅうにち》・谷繁元信《たにしげもとのぶ》選手。

いた。相手バッターは「まさかそんな球は来ないだろう」と思っているから、見のがしてしまう。これは観察力にくわえて、相手の考えをうまく生かした配球だ。

■自分の感性《かんせい》を大切にしてサインを出す

観察力について、「相手バッターのどこを見ているか」という質問《しつもん》に、横浜《よこはま》時代の谷繁《たにしげ》選手はこう答えている。

「いちばん見るのは相手バッターの顔。たとえば、『初球から打ちにくる、こない』を、打席に入る前の表情《ひょうじょう》やしぐさから判断《はんだん》する。全部が全部、当たるわけじゃないけど、だいたいわかるようになってきた。野球にデータは必要です。目も通します。でも、それをふまえたうえで、感性を大切にしたい」

感性とは、「ものごとを深く感じ取るはたらき」のこと。データでは「このバッターはあまり初球から打ってこない」と出ていても、バッターの顔を見た印象から、「ここは初球から打ってくる」と感じ取ったものを大切にしていたのだ。さらに谷繁選手は、中日《ちゅうにち》でベテランになったときにもこういっている。

「自分の感じたものを信用して、サインを出す。その結果、抑《おさ》えるかもしれないし、打たれるかもしれない。そういうことを積《つ》みかさねていけば、また次の試合に役立つはずです」

プロ野球の名捕手《ほしゅ》も、成功と失敗をくりかえしながら成長していく。その成長のはじまりが観察なのだ。

■盗塁《とうるい》は捕手だけでは防《ふせ》げない

ボールを捕《と》る、配球を考えるとはちがう捕手の大事な役割《やくわり》として、盗塁を防ぐことがある。「走った！」となれば、捕ってすばやく二塁《にるい》、三塁に送球してランナーをアウトにし、相手のチャンスをつぶすのだ。

そこで捕手にもとめられるのは、肩《かた》の強さと正確《せいかく》なスローイングだ。ボールを捕ってから握《にぎ》り替《か》える、その速さも必要になるし、さっと投げる体勢《たいせい》になるための下半身の強さ、足首のやわらかさも重要になる。

当然だけれど、名捕手は盗塁を防ぐ能力《のうりょく》も高い。この能力は、〈盗塁阻止率《そしりつ》〉という成績《せいせき》でしめされ、プロ野球では4割《わり》ならば率《りつ》は高いほう（10回走られて4回アウトにしたら4割）。ところが、古田捕手《ふるたほしゅ》は1993年と2000年に6割を超《こ》えたのだからスゴすぎる。

ただし、盗塁阻止《とうるいそし》は、ランナーを塁に引き止めておくための牽制《けんせい》、さらにはクイックモーションと、投手陣《じん》の協力がないとできない。その点、盗塁阻止率は捕手というよりバッテリーの成績といえるかもしれないが、それにしても、古田捕手の肩《かた》の強さと送球の正確《せいかく》さは見ごとなものだった。

■痛《いた》くてもがまんできるのが捕手

猛然《もうぜん》とホームに突《つ》っ込《こ》んでくるランナー、体当たりされて吹《ふ》っ飛《と》ぶ捕手……。キミもきっとそんなシーンを見たことがあるだろう。ホームを守る捕手にはクロスプレーがつきもので、体当たりで骨折《こっせつ》した捕手もいる。座《すわ》ってボールを受けていても相手バッターのファウルチップが当たったり、ワンバウンド、ショートバウンドが体に当たる。ケガをする危険《きけん》が多く、なにかと痛いポジションなのだ。

だから捕手《ほしゅ》はマスクをかぶり、プロテクター、レガースという防具《ぼうぐ》を身につける。それでも、プロの正捕手は毎日のように試合に出るから、筋肉《きんにく》も疲《つか》れやすく、どこかしら痛《いた》みをかかえているもの。痛いから試合を休むようではつとまらない。つまり、ケガに強く、痛みに強い体の持ち主が捕手に向いている。

また、むかしの野球マンガやアニメなどのキャラクターから、捕手は太っていて体の動きがおそくてもできる、というイメージがあるかもしれない。でも、じっさいには、ワンバウンドを止めるときなど、かなり素早《すばや》い動きが必要になる。なにしろ、プロの捕手は150キロのボールを捕《と》るのだから、動きがにぶくては無理なのだ。

■大きな声を出して明るく元気に

「グラウンド上の監督《かんとく》」といわれるぐらいだから、どんな状況《じょうきょう》におかれても冷静でがまん強く、リーダーシップを発揮《はっき》できる性格《せいかく》が捕手に向いている。リーダーシップとは、キャプテンがチーム全体をまとめるのとおなじく、投手を引っぱり、まわりで守っている野手にはっきりと指示《しじ》を出すことだ。

指示《しじ》を出すからには大きな声を出せるほうがいいし、いつも明るく元気を出して、チームをもりあげていくことも必要になる。常《つね》に冷静でいながら元気を出すのはむずかしそうだが、そこは気持ちをうまく切《き》り替《か》えてプレーするのが名捕手《ほしゅ》だ。

また、観察力が必要ということでは、ささいなことにも気づける性格《せいかく》だといい。特に、投手とはふだんから会話をしておくことが大事になる。

■ボールをこわがらずにつづけよう

グラブとはちがうミットを持って、マスク、プロテクター、レガースと、防具《ぼうぐ》をつける姿《すがた》はかっこよく見える。その姿にあこがれてキャッチャーになりたいと思ったけど、いざボールを受けようとしたら、ファウルが体に当たって、痛《いた》くてイヤになった……。学童野球ではよくあるシーンだが、キャッチャーをやりたいと思ったなら、ボールをこわがらずにがんばってつづけること。

いちばんボールをこわく感じるのは、ワンバウンド、ショートバウンドのときだ。そこで、捕《と》れなくてもいいから、必ず両手で捕りにいくこと。プロテクターをつけているのだから、こわがらないことが大切。片手《かたて》で捕《と》りにいくと、たまにショートバウンドがミットに入るときはあるが、後ろにそらしやすいのでやめよう。

二塁《にるい》への盗塁阻止《とうるいそし》は、肩《かた》が強い選手でもなかなかむずかしい。三塁への盗塁をしっかりアウトにすることをめざそう。また、二塁への送球は無理にノーバウンドで投げようとして山なりになるより、低いワンバウンドのほうが速いことを知っておこう。

◆ファースト＝一塁手《いちるいしゅ》◆

■プロにうまいファーストがいない？

プロ野球の一塁手、ファーストは、特に打力のある選手が守ることが多い。なぜなら、他のポジションにくらべれば守備範囲《しゅびはんい》がせまく、送球する機会も少ない。肩《かた》の強さやフットワーク（足の動き）のよさが、あまりもとめられないポジションなのだ。そこで、守備の負担《ふたん》が少ないファーストを任《まか》せて、打てる選手がもっと打てるようにする、という考え方が出てきた。

近年のプロ野球では、外国人選手がファーストを守るケースが増《ふ》えている。まさに、パワーがあって、打撃《だげき》がうまく、ヒットもホームランもたくさん打てる選手たちだ。そのかわり、守りがうまくない場合もある。日本人選手にしても、プロに入る前からファーストだけを守っていてうまかった、という選手は少ない。

もちろん、それらのなかにもうまい選手はいるけれど、ファーストの守備が少し軽く見られているようなのだ。じっさい、名手を表彰《ひょうしょう》するゴールデングラブ賞も、2010年、なんとセ・リーグのファーストは〈該当《がいとう》者なし〉だった。つまりその年、セ・リーグ6球団《きゅうだん》のなかにうまいファーストはいない、と見られてしまったのだ。

■捕《と》れなかったらたちまちピンチ

でも、決してファーストを軽く見てはいけない。なぜなら、まず、ファーストが送球を捕って、ベースに触《ふ》れなければ、アウトにならない。それは当然といえば当然のことなのだが、1試合のなかで、ファーストでアウトになる回数がたいへん多いから重要なのだ。

しかも、いつも捕りやすい送球が来るとはかぎらない。むずかしいショートバウンドが来ても、跳《と》び上がるほど高いボールが来ても、必ず捕らなければならない。その理由は、もし後ろにそらしたらアウトにできないから、というだけではない。それた送球へのバックアップが追いつかない場合、バッターランナーが二塁《にるい》に進み、たちまちピンチをむかえてしまうからだ。

捕球《ほきゅう》することでひとつのアウトを取れる半面、捕球に失敗したらピンチ。それぐらい重要なポジションだと知っておこう。

■おなじプロも高く評価《ひょうか》した守備《しゅび》力

ファーストの名手といえば、引退《いんたい》後15年以上たっても、元チームメイトから「彼《かれ》はほんとうにうまかった」といわれる選手がいる。1980年代から90年代にかけて、巨人《きょじん》と横浜《よこはま》（現在《げんざい》のDeNA）で活躍《かつやく》した駒田徳広《こまだのりひろ》選手だ。

駒田選手は、ファーストでは歴代最多となる10度のゴールデングラブ賞を受賞。満《まん》塁《るい》のときの打席で勝負強いので「満塁男」とよばれ、通算2006本安打を記録した好打者でもあったが、その守備力はプロの間でも高く評価されていた。

身長191センチの長身。送球が高くなっても、楽に捕球できる。体の動きがやわらかく、ショートバウンドでもサッと軽くボールをひろうように捕《と》る。ファースト守備について駒田選手に聞いてみると、こう説明してくれた。

「ファーストは、まず捕るのが仕事なんですよ。野球はいかにファーストでアウトになることが多いか。そこを考えてみたら、送球を捕《と》ることがいちばんうまい人がファーストをやらなければならない。それが絶対条件《ぜったいじょうけん》です」

■止めるのではなく、捕ること

駒田《こまだ》選手によれば、捕球《ほきゅう》のときに体の力を抜《ぬ》くことが大事なのだそうだ。特に、送球がショートバウンド、ハーフバウンドになると力が入りやすい。そこで力を抜くためには、親指が下になるようにミットを構《かま》え、逆《ぎゃく》シングルで捕るといい。ファーストが送球を捕るときの体勢《たいせい》は逆シングルになることが多く、それが自然だという。反対に、手のひらを上に向けると腕《うで》が伸《の》びきったような感覚になってしまう。これはじっさいに腕を動かしてみるとよくわかる。駒田選手はこう説明している。

「そうなったら、止めるだけになってしまうから、捕球ミスにつながります。だから、学童野球の指導《しどう》でありがちな、体の正面で止めろ、というのはまったくファースト向きではありません。それに、それでは守備《しゅび》そのものがうまくならないと思います。子どもたちには、もっと〈捕る〉という意識《いしき》を持ってほしいですね。特にファーストは、止めるだけじゃ一銭《いっせん》にもならないポジションですから」

一銭にもならない、とは、プロならまったくお金をかせげない、という意味。止めるだけではアウトを取れない、それではファーストはつとまらないのだ。

■ファーストは左利《き》きが有利？

ファーストの役割《やくわり》は送球を捕《と》るだけではない。自分で打球を処理《しょり》するときには、一《いち》、二塁間《にるいかん》よりも一塁線に意識《いしき》を持つ必要がある。サードが三塁線を抜《ぬ》かれたら二塁打ですむけれど、ファーストが一塁線を抜かれると三塁打もあるからだ。

また、バント処理も大事な役割。その点、駒田《こまだ》選手は、送りバントがある状況では猛然《もうぜん》とダッシュで前に出て、相手バッターにプレッシャーをかけていた。バントからバスター（打てのサイン）に切《き》り替《か》わる場合もあるが、そこはあらかじめ、バスターが得意なバッターかどうかを見て判断《はんだん》していた。そして、プレッシャーをかけられたバッターがバントを失敗することもよくあったという。

バントされた場合、左利きの駒田選手は、二塁、三塁に投げるときに体勢《たいせい》を切り替

ファーストの名手といわれた駒田《こまだ》徳広《のりひろ》選手（左）。巨人《きょじん》と横浜《よこはま》（現在《げんざい》のDeNA）で活躍《かつやく》した。

えなくていい。そのぶん、投げやすかったそうだが、ダブルプレーを取りにいくために二塁《にるい》に投げるときは、左利《き》きだと不利に感じることがあった（ダブルプレーについては、セカンドのコーナーで説明する）。一塁ベースより後ろに守っていて、そこから二塁に投げるときには、左投げだとランナーに当たりそうな感覚があったからだ。だから、ファーストは左利きが有利というわけでもない。

■お母さんのような存在《そんざい》

投手の球筋《たますじ》や、相手バッターのタイミングがよく見える位置で守るファースト。バッテリーを助けることも大切な役割《やくわり》となる。ピンチのときなどは、投手にさりげなく声をかけて、気持ちの面で助けてあげるのもファーストの役目だ。投手にとって、自分をぐいぐい引っぱってくれる捕手《ほしゅ》がお父さんのような存在だとしたら、ファーストはお母さんのような存在かもしれない。

また、そうした気配りができる以前に、ファーストがどんな送球も捕《と》ることで、セカンド、ショート、サードには安心感が生まれる。安心感があれば、あわてたときにも思い切って送球できる。内野手全体の守備力《しゅび》にも大きく関わっているからこそ、ファースト守備を軽く見てはいけないのだ。

■ミットを引いて捕《と》るのがコツ

学童野球では、ファーストがしっかり捕球《ほきゅう》できないために、取れていたはずのアウトが取れない、というシーンがよくある。捕球できない原因《げんいん》のほとんどが、送球がショートバウンド、ハーフバウンドになること。その点ではプロの世界とあまり変わらないのだが、では、どうすればいいのだろう。

駒田《こまだ》選手に教わった練習方法は、キャッチボールが終わったあと、おなじ相手とワンバウンドを投げ合うこと。5～6メートルの間隔《かんかく》で、軽く投げればいい。ただし、そのときにわざと捕りづらいバウンドを投げてやろう。遊びの感覚で楽しみながらやれば、どんどんうまくなるそうだ。コツは、ミットを引いて捕ること。反対に、手を前に出して捕ろうとすると力が入り、送球とミットがぶつかり合って捕れなくなってしまう。ふわっとやわらかく、引いて捕ってみよう。

◆セカンド＝二《に》塁《るい》手《しゅ》◆

■アウトをふたつゲットする

セカンドの役割《やくわり》は、自分のまわりに飛んできたゴロ、フライを捕《と》ってアウトにするだけではない。学童野球ではあまりその機会がないが、中学校から上のレベルの野球では、ダブルプレーを取ることが大事な役割となる。

プロ野球を見たことがある人なら、ダブルプレーは知っているだろう。一塁にランナーがいて、セカンドがゴロを捕ったら、すばやく二塁ベースに送球する。二塁ベースにはショートが入っていて、ボールを捕ったらそこでまずアウトひとつ。さらにショートがそのボールをすぐ、一塁ベースについたファーストに投げて、捕ったらアウトふたつ（ショートがゴロを捕った場合はセカンドが二塁ベースに入る）。

ダブルとは、〈二重〉、〈二倍〉といった意味。だから、ひとつの打球でアウトを二倍取れるプレー、とおぼえておくといい。ちなみに、ゲッツーともいうけれど、これは〈ゲット・ツー・アウト〉を略《りゃく》した言葉。「アウトをふたつゲットした」という意味だ。また、日本の野球用語では、ダブルプレーのことを〈併殺《へいさつ》〉、〈重殺〉と書き表す。

■肩《かた》と手首の強さ、握力《あくりょく》が必要

ダブルプレーのとき、セカンドはゴロを捕《と》って二塁《にるい》に投げるだけではない。一塁にランナーがいて、ショート、サードにゴロが飛んだ場合には、自分で二塁ベースに入る役割《やくわり》がある。二塁ベースでショート、サードからの送球を捕ったら、すぐにファーストに投げる。このとき、送球を捕るために体は三塁のほうを向いているから、すばやく体の向きを変えて投げなければならない。これは、セカンドからの送球を捕ったショートが一塁に投げるよりもむずかしくてたいへんだ。

体の向きを変えて、サッと投げる。じつは、センターに抜《ぬ》けそうなゴロを捕って一塁に投げるときもそう。また、一塁側のセカンドゴロを捕って、ダブルプレーのために二塁ベースに投げるときも、体の向きを変えている。ということは、反動をつけて投げられないので、肩《かた》と手首の強さ、握力《あくりょく》が必要になる。学童野球では、一塁までの距離《きょり》がちかいから、肩《かた》が弱い選手がセカンドを守ることもある。しかし中学校から上のレベルでは、そうはいかないことを知っておこう。

■すばしっこく動ける身の軽さ

肩と手首の強さが必要なのは、ダブルプレーのときだけではない。たとえば、一塁《いちるい》にランナーがいて、ライトの白線（ファウルライン）にちかいほうにヒットの打球が飛んだとき。一塁ランナーは三塁を目ざして走っていくから、打球を捕《と》ったライトは三塁に向けて送球する。このとき、ライトから三塁までの距離《きょり》が長いため、間にセカンドが入って送球を捕り、三塁に投げる。これを中継《ちゅうけい》プレー（またはカットプレー）というのだが、やはり反動をつけられないので、肩と手首の強さが必要になるのだ。

もうひとつ、肩の強さ以外に必要なのは、すばしっこく動ける身の軽さだ。ダブルプレーでは二塁ベースに入るけれど、一塁にランナーがいて、相手バッターが送りバントをしてきた場合。ファーストがゴロを捕るためにダッシュしたら、バッターランナーを一塁でアウトにする選手がいなくなる。そこでセカンドがすばやく一塁についいて、ベースカバーをする。一塁《いちるい》ベース、二塁ベースと、左右に速く動ける選手が、セカンドに向いている。

■ファーストのカバーも大事な役割《やくわり》

守備範囲《しゅびはんい》がとても広いセカンド。守備の要《かなめ》、内野のリーダーとしてしっかりした状況判断《じょうきょうはんだん》が必要になるが、ベースカバー以外にも、左右に動くときがある。二塁にランナーがいたら、投手からの牽制《けんせい》球を受ける役割がある。さらに、牽制球が入ると見せかけ、二塁ランナーをまどわすため、ベースについたりはなれたりする。また、もし捕手《ほしゅ》から投手への返球がそれたらランナーが進んでしまうため、返球のたびに小走りでバックアップに入り、またもとの位置にもどる。

そうした細かい動きのほかに、一気に大きく動くときもある。一塁の後ろのほうのファウルゾーンにフライが上がったときには、セカンドが追いかけていって捕《と》る。さらに、ランナーがいないときは、ショート、サードからの送球がそれた場合にそなえて、ファーストのバックアップに入る。

この、ファーストのバックアップにいつも全力で取り組み、自分で自慢《じまん》できるプレーにしていたプロのセカンドがいる。1960年代から70年代にかけて中日《ちゅうにち》でプレーし、引退《いんたい》後は監督《かんとく》をつとめた高木守道《たかぎもりみち》選手。ゴールデングラブ（ダイヤモンドグラブ）賞を3度受賞し、ベストナインに7度もかがやいた名選手だ。

■補助《ほじょ》で動くことが多いポジション

高木選手は、ダブルプレーを取るときのバックトスがうまかった。バックトスとは、体の向きを変えて二塁《にるい》に投げると間に合わないとき、向きはそのままで二塁方向にトスすること。決してかんたんではなく、スピード感があって華麗《かれい》なプレーなので、成功したら球場のスタンドは大歓声《かんせい》。高木選手はこういっている。

「バックトスは速いし、かっこいいからやりたい、と思って何度も練習しました。プロですから、お客さんが『おっ』というプレーをやらないとね。で、成功しても、『こんなのプロなら当たり前だよ』という顔をしている。それが僕《ぼく》のスタイルでした」

このバックトスにくらべれば、ファーストのバックアップはまったく目立たないプレーだ。でも高木《たかぎ》選手は、バックトスよりもカバーを大事に考えていた。なぜだろう。

「セカンドは補助《ほじょ》で動くことが多いポジションだから。そのなかで自慢《じまん》できるプレーをやろうと思って、相手バッターがサードゴロ、ショートゴロを打ったらバーッと全力で走る。だから、夏の暑いときはつかれました。チェンジになってベンチにもどってくるとき、いつも、はあ、と息が切れてしまう。人の倍、走りましたからね」

ファーストへの送球がそれたと思って二塁《にるい》に向かったランナーを、高木選手のバックアップによってアウトにすることもよくあった。そのプレーにチームメイトが感心したのはもちろん、他チームの監督《かんとく》までが「スゴイ」といった。目立つプレーでファンをわかせたこと以上に、目立たないプレーでおなじプロにみとめられたからこそ、高木選手は自慢できるのだという。

■ファインプレーをファインプレーに見せない

セカンドとして歴代最多、8度のゴールデングラブ賞を受賞した辻発彦《つじはつひこ》選手。80年代から90年代にかけて、最強だった西武《せいぶ》をささえた名選手もこういっている。

「派手《はで》なファインプレーだけがプロならではの優《すぐ》れたプレーではない。一見、地味で、なにげなく見えるプレーにこそ、プロとしての神髄《しんずい》がこめられていることもある」

辻《つじ》選手によれば、打球に対する一歩目の反応《はんのう》が速いかおそいかで、ヒットかアウトかに分かれるという。では、一歩目を速くするため、辻選手はどうしていたのだろう。

「たとえば、セカンドから見えやすい右バッターでいうと、アウトコースへの速球に対してバットがおくれて出てきたときは、一塁寄《いちるいよ》りの打球が飛びやすい。そのときは、やや重心を左にうつして、一、二塁間の打球にそなえるのである」

つまり、投手の投げたボールと、バッターのバットの出方を見て、打球が飛ぶ方向を予測《よそく》して準備《じゅんび》しているのだ。すると、おなじするどい打球でも、打球に向かって飛《と》び込《こ》まないといけないか、まわりこんで捕《と》ることができるか、対し方は変わってくる。

打球に飛び込むダイビングキャッチでアウトになれば、ファンがよろこぶ。でも、飛び込んだら立ち上がって投げるまでに時間がかかり、アウトにできないかもしれない。だったら、まわりこんで捕れるよう、予測して準備して、確実《かくじつ》にアウトを取れるほうがプロの選手らしい。辻選手はそういっている。

ファインプレーをファインプレーに見せないのがほんとうのプロのスゴさなのだ。

80年代から90年代にかけて、最強だった西武《せいぶ》をささえ、8度のゴールデングラブ賞を受賞した辻発彦《つじはつひこ》選手。

■理想は野球博士のような選手

前に書いたとおり、学童野球のセカンドは、肩《かた》が強くなくても守れる。ただし、守《しゅ》備範囲《びはんい》が広いから、すばしっこく動ける子のほうが向いている。それに、次に自分がゴロを捕《と》ったらどこに投げるか、ワンアウトだからこうだ、というふうに状況判断《じょうきょうはんだん》もよくできたほうがいい。野球をよく知っていて、楽しみながら研究できる子だともっといい。コーチにいわれなくても動ける〝野球博士〟のような選手が理想だ。

でも、キミが低学年でセカンドを守るなら、もう一度、ファーストまでの距離《きょり》が短いことを頭に入れよう。サード、ショートにくらべれば、ゴロを捕ってからなにもあわてる必要はない。おちついて捕球《ほきゅう》して、しっかりステップして投げれば大丈夫《だいじょうぶ》。セカンドに飛んだらまずワンアウト、と思われるような選手をめざそう。

◆サード＝三塁手《さんるいしゅ》◆

■勇気を出して、体で止める

右バッターが引っぱって打った、強くて速い打球が飛んでくるポジション。火の出るような打球に対応《たいおう》しなければいけないため、サードは「ホットコーナー」とよばれることもある。「ホット」とは「熱い」という意味だ。

強くて速い打球ということは、まず、すばやい反応が必要になる。三塁線ギリギリでぬけるような打球に横っ飛びできるだけの、瞬発力《しゅんぱつ》ももとめられる。反対に、ショートにちかいほう（三塁手と遊撃手《ゆうげき》の間なので、三遊間）のゴロに対しては、ダッシュしながら捕《と》って、走りながらファーストに投げる軽快《けいかい》さもサードらしさ。これはバントをされたときもおなじで、前に出るスピードも必要だ。

いちばんたいへんなのは、真正面にくる打球。強くて速いからといって、にげるようではサードではない。勇気を出して、とにかく体で止める。ちゃんと捕れなくてもいいから止めて、体の前に落とす。それから送球してアウトにできればいいのだ。

■エラーしても下を向かない

強くて速い打球にかぎらず、打球が飛んでくる機会が多く、まわりからかっこよく見えるポジションでもある。むかしのプロ野球のスーパースター、巨人《きょじん》の長嶋茂雄《ながしましげお》選手がサードで派手《はで》なプレーを見せつづけたときには、野球をやっている子どものほとんどがあこがれた。でも、あこがれだけではうまくなれない。どんな性格《せいかく》の選手がサードに向いているのだろう。

ずばり、根性《こんじょう》のある選手だ。捕《と》れない打球は体に当てて前に落とすのだから、それだけの心の強さがないとやっていけない。ただし、アウトにできなかったり、捕れなくてレフトにぬけたりしたとき、いつまでも悔《くや》しがるのはダメ。エラーしても、下を向かない心の広さもあるといい。あんなに速いのだから捕れないのはしかたないだろう、というぐらい、いいかげんなところがあってもいいのだ。

いいかげんなところがあっても、なぜか、監督《かんとく》、コーチからしかられない。にぎやかで明るくて、チームの盛《も》り上《あ》げ役になれるような選手が向いている。まさに、長嶋《ながしま》選手はそういうプレーヤーだった。

■当たって痛《いた》がる体ではつとまらない

セカンド、ショートにくらべれば、右に左にいそがしく動きまわる必要はない。複《ふく》雑《ざつ》な動きは少ないポジションだ。だから、確実《かくじつ》に打球を捕《と》って、確実にアウトを取ればいい。そこで大事になるのは、送球能力《のうりょく》だ。

猛然《もうぜん》とダッシュして、バントの打球を捕って二塁《にるい》に投げる。三塁線をぬけそうだった打球を捕って一塁に投げる。どちらも距離《きょり》のある送球だから、正確《せいかく》さがもとめられる。つまり、コントロールよく投げないといけない。

そのためには、肩《かた》の強さが第一条件《じょうけん》。さらに、打球を当てて止めることもあるのだから、体が頑丈《がんじょう》なことも必要な条件になる。当たって痛がる体ではつとまらない。おおげさにいえば、捕りそこねたボールが顔に当たってしまっても、平気で笑っているぐらいの選手だとたのもしい。

■ホームランバッターが多いポジション

ここまであげてきたサードの役割《やくわり》と条件《じょうけん》を合わせて考えると、内野手のなかで守備《しゅび》の負担《ふたん》があまり多くないポジションといえる。連係の動きや中継《ちゅうけい》プレーの機会も少なく、ファーストにくらべて牽制《けんせい》球に対応《たいおう》する機会も少ないからだ。

その点、近年のプロ野球では、守備の負担《ふたん》を減《へ》らしてバッティングに集中することを目的に、チームの主軸《しゅじく》バッターがサードを守ることも多い。現役《げんえき》では西武《せいぶ》の中村剛《なかむらたけ》也《や》選手が代表的で、ソフトバンクの松田宣浩《まつだのぶひろ》選手、巨人《きょじん》の村田修一《むらたしゅういち》選手はふたりとも、2013年、14年とゴールデングラブ賞を受賞している。

引退《いんたい》した選手では、近鉄《きんてつ》と中日《ちゅうにち》で活躍《かつやく》し、両リーグでゴールデングラブ賞を受賞した中村紀洋《なかむらのりひろ》選手がいて、ほかに巨人の原辰徳《はらたつのり》選手、阪神《はんしん》の掛布雅之《かけふまさゆき》選手、広島《ひろしま》の衣笠《きぬがさ》祥雄《さちお》選手と、ホームランバッターがならぶ。守っても打っても、どちらでも派手《はで》さのあるポジションだ。

2013年、2014年とゴールデングラブ賞を受賞した巨人《きょじん》の村田《むらた》修一《しゅういち》選手。

■派手《はで》な長嶋《ながしま》にくらべて地味だった名手

たしかに、守備《しゅび》の負担《ふたん》があまり多くないサード。「でも、だからといって、バッティングに集中するために守るのはおかしい。負担が多くないポジションなんてどこにもない」という伝説の名手がいる。だいぶむかしになるが、1950年代から60年代にかけて、阪神《はんしん》のサードとして活躍《かつやく》した三宅秀史《みやけひでし》選手だ。ショートの名手、吉田義男《よしだよしお》選手と組んだ三遊間《さんゆう》の守備は「史上最高」ともいわれるほどだった。

高校時代までセカンドだった三宅選手は、阪神に入団《にゅうだん》してからサードになった。「派手な長嶋にくらべて地味」といわれたこともあったが、うまさは長嶋選手より上だった。そのうまさは、バッターのスイングの速さと投手の球速によって、微妙《びみょう》に守備位置を変えるところにあった。たとえば、投手の球速があまりないとき、スイングの速い右バッターが打席に立ったら、引っぱる打球がきやすくなると予測《よそく》して、三塁《さんるい》線にちかいほうで守ったという。そこまで細かく判断《はんだん》していた選手だから、「負担が多くないポジションなんてどこにもない」といえるのだ。

■名手に教わる「最高の守備《しゅび》練習」

三宅《みやけ》選手はこういっている。

「今の野球では左バッターが半分いる。でも、パワフルな右バッターも半分いる。そしたら、三遊間《さんゆう》っていうのは、今でも打球がいちばん多く集まるところじゃない？　それはね、いちばんむずかしいところ。いちばん遠くから、ファーストへいいボールを送球して、アウトにするわけだから」

そういう三宅選手は、打球への反応《はんのう》をよくするため、ノックを受けるのとはちがう練習を自分で工夫《くふう》してやっていた。それは、バッティング練習で、守っているとき、自分の守備位置からかなり遠く離《はな》れた方向に打球が飛んでも「トン」と一歩出るというものだ。

「たとえば、ショートを守っていて、ファーストゴロ。自分に関係ないけど、スタートを切る。トーンと二歩、出る。そういうクセをつけるわけ。フライでも、小フライでも、トンと後ろへ下がる。それで自分のところに来た打球はふつうに捕《と》る。これがもう、最高の守備練習なんですよ」

学童野球でも、バッティング練習で守るときはある。ならば、三宅《みやけ》選手のように、自分から離《はな》れた位置の打球でも、ぜんぶ反応《はんのう》して一歩、二歩、動いてみよう。

■サードはショートよりむずかしい？

「打球を捕《と》るのはショートよりもサードのほうがむずかしい」という選手もいる。

ショートでゴールデングラブ賞を6度受賞、サードでも3度受賞した名内野手、元ヤクルトの宮本慎也《みやもとしんや》選手だ。サードになったとき、「最初はおもしろくなかった」という。

「ショートはぜんぶのボールに関われる仕事で、ピッチャーが投げるボールもよく見えます。でも、サードはそこまで関わってないから、おもしろくなかった。最初は、ピッチャーに声をかけにいくタイミングもわからなくなったときがありました」

長くショートをやっていた宮本選手にとって、サードは見えるものがちがう別世界だった。ベテランになって、体にかかる負担《ふたん》を軽くするためサードになったから、もっと楽にできると思っていた。じつは楽ではなかったのだ。

「サードは、打球も速いだけじゃなくてむずかしい。なぜなら、ショートの位置からはピッチャーのボールもバッターも見られますけど、サードはピッチャーが自分の横にいるわけです。そうすると、ピッチャーのボールをよく見られない。バッターの反《はん》応《のう》だけを見るしかなく、予測《よそく》もできないのでむずかしいんです」

それでも、サードでも名手になった宮本《みやもと》選手はスゴイのだが、「経験《けいけん》してみないとそのポジションのむずかしさはわからない」ということが勉強になったという。

■とにかく大きな声を出そう

まず第一に、打球をこわがらずに捕《と》れること。学童野球は軟式《なんしき》のボールで、硬式とちがって大きなケガをすることは少ないといえる。サードをやるなら、まずそのことをよく知っておいたほうがいい。ただし、体に当てて止めればいい、というのではなく、常《つね》にしっかり捕球《ほきゅう》することを目標にしたい。

第二に、とにかく大きな声を出せる選手。守っている野手全員に聞こえる声で、チーム全体を盛《も》り上《あ》げていこう。特に、ピンチでなかなかアウトが取れず、雰囲気《ふんいき》が悪くなったときなど、その大声が救いになる。

そして第三に、肩《かた》の強い選手。ただし、ファーストまで、すべてノーバウンドで送球する必要はない。ゴロを捕《と》ったときの体勢《たいせい》によっては、低くて速いワンバウンドのほうがいいときもある。その判断《はんだん》をすぐにできる選手が理想だ。

◆ショート＝遊撃手《ゆうげきしゅ》◆

■いちばん広い守備範囲《しゅびはんい》

ショートはセカンドとおなじく、守備の要《かなめ》になるポジションだ。自分で打球を捕《と》ってアウトにする以外にも、ランナーを牽制《けんせい》する動きや中継《ちゅうけい》プレーなどの役割《やくわり》があって、しっかりした状況判断《じょうきょうはんだん》がもとめられる。

守備範囲は、９つのポジションのなかでいちばん広い。セカンドとの間（二遊間）、サードとの間（三遊間）への打球を捕りにいくのはもちろん、ときにはフライを追ってレフトのほうまで走ることもある。さらに、サードの後ろのほうのファウルゾーンまで追いかけていくのも大事な役目。だから、軽やかですばやいフットワークと、肩《かた》の強さが必要になる。三遊間の深い位置でゴロを捕ったショートが、強肩《きょうけん》を生かして一塁《いちるい》に正確《せいかく》に送球するシーンは、プロ野球では特に魅力《みりょく》的だ。

■ボールにしつこく、ねばり強く

サードにくらべてショートには、すごく速い打球はあまり飛んでこない。しかし、むずかしいバウンドの打球も多い。ということは、どんな打球にでも対応《たいおう》できるよう、グラブをうまく使えないといけない。ひとつのボールに対するしつこさ、ねばり強さも必要になる。

二遊間《にゆう》の深い位置、つまりセンターの前のほうに飛んできたゴロは、足をうまく動かして、できるだけ正面にまわりこんで捕《と》る。そうして、送球する体勢《たいせい》をつくってから一塁《いちるい》に投げる。

三遊間の深い位置のゴロは、ノーバウンドで投げてこそかっこいいのだが、体勢によってはむずかしいときもある。無理をしたら暴投《ぼうとう》になりやすい。だから、そういうときにすぐ、これはワンバウンドで投げようと判断《はんだん》できることも大事だ。

そして、マウンドの横をすりぬけるゴロ、投手の頭をこえるようなゴロは、走りながらの〝ランニングスロー〟で一塁へ送球。また、当たりそこねの、ボテボテのゴロをダッシュして捕った場合には、体勢を立て直して送球するのでは間に合わない。そこで、跳《と》びながら投げる〝ジャンピングスロー〟で一塁《いちるい》へ。9つのポジションのなかで、もっとも身体能力《のうりょく》の高さが必要だ。

■投手からショートになった名手

身体能力が高く、ときにはサード以上に肩《かた》の強さがもとめられるショート。それだけに、プロ入り後に投手からショートにコンバートした選手も多い（コンバートとはポジションを変えること。日本語では「転向」という）。代表的なのは、横浜《よこはま》と広島《ひろしま》で活躍《かつやく》した石井琢朗《いしいたくろう》選手（現在《げんざい》は広島のコーチ）、楽天《らくてん》の松井稼頭央《まついかずお》選手だ。

石井選手がスゴイのは、高校から入団《にゅうだん》1年目に投手としてプロ初勝利をあげていて、バッターとしては2000本安打を達成していることだ。「勝ち星をあげてなおかつ2000本」という記録は、石井選手のほか、「打撃《だげき》の神様」とよばれた元巨人《きょじん》の川《かわ》上哲治《かみてつはる》選手しか達成していない。

川上選手は左利きだったため、野手としてはファーストを守った。石井選手は入団4年目に野手になり、最初はサードを守って活躍。さらに広い守備範囲《しゅびはんい》と強肩《きょうけん》を生かすため、ショートになったのだ。

■サードとショート、なにがちがう？

サードでゴールデングラブ賞を3度受賞したあと、ショートでも同賞にかがやいた石井《いしい》選手。そのちがいをこう説明している。

「サッカーでいえば、ショートはフォワードとかディフェンダーとか、とにかく運動量の多いポジション。サードはゴールキーパーみたいなものかな」

サッカーのゴールキーパーは、正面のシュートをしっかり止めるだけでなく、前にダッシュするときもある。左右へのシュートにすばやく反応《はんのう》して横っ飛びもするから、たしかにサードとおなじところがある。それに対して、フォワードやディフェンダーはいつもいろいろな方向に動きまわっている。石井選手はこう説明する。

「ショートはボールがどこに飛んでもプレーに関わることができます。ボールが外野に飛んでもいっしょに追いかけたり、中継《ちゅうけい》プレーに入ったり、サインプレーもそう」

守るときのかまえ方にもちがいがあるという。

「サードは足はばを広くして体重を落として、重心を低くします。でも、ショートの場合は、グラウンド全体が広く見わたせるし、バッターの位置からは距離《きょり》があるので、打球に対応《たいおう》しやすい。サードほど重心を低くする必要はないですね」

サードとショート、いろいろなちがいがあることを知っておこう。

■息が合っていた「アライバ」

ショートの大事な役割《やくわり》として、ダブルプレーを取ることがある。これはセカンドでもおなじだが、ダブルプレーのときは、スライディングしてくる一塁《いちるい》ランナーをかわしながら送球しなければならない。特にプロ野球では、ダブルプレーを成功させないようにと、一塁ランナーが体や足をねらってスライディングしてくる。じっさい、スライディングでダブルプレーをくずされたら、一塁がセーフになるだけではない。体にケガをするときもあるから、かわし方、よけ方も身につけないといけない。

でも、セカンドとショートの息がぴったり合っていれば、そうかんたんにくずされることはない。セカンドとショートのことを「二遊《にゆう》間コンビ」というが、最近のプロ野球でいちばん息が合っていたのは、中日《ちゅうにち》のセカンド・荒木雅博《あらきまさひろ》選手とショート・井端弘和《いばたひろかず》選手とのコンビだ。井端選手は2014年に巨人《きょじん》に移籍《いせき》して15年かぎりで引退したが、このコンビがスゴイのは、04年から6年連続でゴールデングラブ賞をいっしょに受賞したこと。名前が「アラキ」と「イバタ」のコンビだから、いつしかファンの間で「アライバ」とよばれるようになったほどだ。

■一日に3000本のノック

アライバのコンビでいちばんスゴかったのは、ダブルプレーで息が合っていることを生かしたスーパープレーだ。それは、センター方向にぬけそうな打球を荒木選手が逆《ぎゃく》シングルで捕《と》り、グラブの中にあるボールをそのまま井端選手にトス。トスされたボールをファーストに投げてアウトにするものだ。

ふつうなら、センター前ヒットになる打球に荒木選手が追いつく。しかし、そこから体勢《たいせい》を立て直してファーストに投げるのでは間に合わない。だからそこで井端選手が走りよってきて、トスを受け取って投げてアウトにするわけだ。

中日《ちゅうにち》のショートで2004年から6年連続でゴールデングラブ賞を受賞受賞した「アライバ」のひとり、井端弘和《いばたひろかず》選手。

ここまで息が合うのは、単にふたりとも守備《しゅび》がうまいからではない。当時、中日《ちゅうにち》で指導《しどう》していた高代延博《たかしろのぶひろ》コーチによれば、春季キャンプの練習では、アライバのコンビだけで一日3000本のノックをしたそうだからスゴイ。それだけノックを受けるなかで、相手の送球のクセなどをおぼえていくという。また、たくさんいっしょに練習するなかで会話も多くするから、自然に息が合うようになるそうだ。

■うまい選手には「思いやり」がある

セカンドのコーナーで登場した辻発彦《つじはつひこ》選手は、ショートについてこういっている。

「うまいショートというのは、相手にタイミングを合わせることができる。送球するときも、ベースカバーに入るときも、こちらの動きを見て、それにちゃんと合わせてくれる」

じつは辻選手も、西武《せいぶ》で名ショートの石毛宏典《いしげひろみち》選手とコンビを組んで、アライバとおなじスーパープレーをやっていた。やはり息が合っていたのだが、辻選手によれば、なかには息が合わない、やりにくいショートもいるという。

「やりにくいショートといえば、たとえば、ショートゴロでダブルプレーというとき、打球をさばいてセカンドに送りさえすれば、自分の仕事は終わったと考えるようなショートだ」

こういうショートでは、ダブルプレーもくずされやすい。だから、相手のことをちゃんと考えた、「思いやりのあるプレー」ができないといけない。これはショートにかぎらず、9人全員にいえることだろう。

■いちばんうまい選手が守るポジション

学童野球のショートは、チームでいちばんうまい選手が守ることが多い。足が速くて守備範囲《しゅびはんい》が広い、肩《かた》が強いだけでなく、判断力《はんだんりょく》があって、野球をよくわかっている選手がふさわしい。

なぜなら、はじめに書いたとおり、ショートは牽制《けんせい》でのサインプレーや中継《ちゅうけい》プレーなど、試合の流れやランナーの状況《じょうきょう》などによって、やらなければいけないことがたくさんあるからだ。それはプロ野球でも学童野球でも変わらない。守りのリーダーとしてみんなを引っぱっていくから、ショートの選手がキャプテンをつとめる、というチームも多いだろう。

もちろん、キャプテンじゃないとショートになれない、ということはない。足の速さと肩《かた》に自信があるなら、自分で興味《きょうみ》のあることから野球を研究してみよう。球場で野球を見るときがあれば、なぜ今のプレーでショートがこう動いたのかなど、考えながら見るといい。

◆外野手◆

■通算1065盗塁《とうるい》の名手

野球のグラウンドを思いうかべてみよう。内野にくらべれば、外野はとても広い。そこをレフト、センター、ライトの3人で守るのだから、守備範囲《しゅびはんい》は内野のセカンド、ショートよりもずっと広くなる。

広いということは、まず、遠くまで打球を追いかける足の速さが必要だ。しかも、自分で打球を追いかけて捕《と》るだけではない。ほかの外野手の後ろでカバーすることもあれば、内野手が後ろに下がってフライを捕るときのカバーもある。だから、足が速いことにくわえて、右に左に、前に後ろに、すばやく自由に動けるだけの、フットワークのよさもともとめられる。

足が速い、俊足《しゅんそく》の外野手で絶対《ぜったい》にはずせないのは、1970年代から80年代にかけて阪急《はんきゅう》（現在《げんざい》のオリックス）で活躍《かつやく》した福本豊《ふくもとゆたか》選手だ。なにしろ、通算の盗塁数10

65個《こ》は断《だん》トツの日本記録で、シーズンの盗塁《とうるい》数も断トツ1位の106個。これまで、100個を超《こ》えた選手はほかにだれもいない。そして、それだけの足を生かした外野守備《しゅび》がすばらしく、ゴールデングラブ（ダイヤモンドクラブ）賞を12年連続で受賞しているのはスゴイ。

■プロの名手も最初はミスしていた

外野手の守備範囲《はんい》の広さをしめす目安に、刺殺《しさつ》という記録がある（フライをアウトにすること）。福本《ふくもと》選手はこの刺殺が通算5102個で、これも日本記録だ。今の外野手で刺殺が特に多いのは、ヤクルトの雄平《ゆうへい》選手、広島《ひろしま》の丸佳浩《まるよしひろ》選手、DeNAの梶谷隆幸《かじたにたかゆき》選手、西武《せいぶ》の秋山翔吾《あきやましょうご》選手で、やはり、みんな足が速くて盗塁も多い。

ただし、福本選手は、もともと守備がうまかったわけではない。プロに入ったばかりのころは、守備練習でフライを見失ってしまうときもあった。そこでコーチから毎日たくさんのノックを受けて判断《はんだん》力を高め、試合前には相手チームのバッティング練習を見て、どういう打球が多いかなどを観察してうまくなっていった。プロの名手

通算の盗塁《とうるい》数1065個《こ》の日本記録を持つ、1970年代から80年代にかけて阪急《はんきゅう》（現在《げんざい》のオリックス）で活躍《かつやく》した福本豊《ふくもとゆたか》選手。

だって、最初から名手というわけではないのだ。

また、足が速い福本《ふくもと》選手にも、少し足りないものがあった。守備範囲《しゅびはんい》が広い外野手には、内野手やホームまで正確《せいかく》に投げられる肩《かた》の強さが必要だが、福本選手はバッグンに強いわけではなかった。

■イチロー選手の「レーザービーム」

肩が強い、強肩《きょうけん》の外野手といえば、イチロー選手（マーリンズ）をわすれてはいけない。もちろん俊足《しゅんそく》で守備範囲も広いけれど、その強肩を生かした送球のスゴさはメジャーリーグでも注目された。

イチロー選手がマリナーズに入団《にゅうだん》した1年目の2001年、4月11日におこなわれたアスレチックス戦の8回。ワンアウト一塁《いちるい》でライト前のヒットを捕《と》ったイチロー選手が、ライトから三塁へ矢のようなボールをノーバウンドで投げ、一塁ランナーをアウトにした。その瞬間《しゅんかん》、テレビ中継《ちゅうけい》のアナウンサーが「レーザービームだ！」とさけんだ。このときから、キミたちもよく知っている「レーザービーム」というよび方が

おなじみ「レーザービーム」とよばれるほどの強肩の持ち主、イチロー選手。

日本にも広まって、今ではあたりまえになったのだ。

■ほんとうの強肩《きょうけん》とは？

外野手の強肩をしめす目安として、補殺《ほさつ》という記録がある。補殺は「送球でアウトにすること」で、たとえば、ホームにすべりこむランナーをアウトにしたら補殺1となる。今のプロ野球では、年間で10個《こ》も補殺があったらかなりの強肩だ。２０１５年は、ＤｅＮＡの筒香嘉智《つつごうよしとも》選手が12球団トップの補殺10個を記録した。

ただし、強肩が目立ちすぎると、補殺が少なくなるときもある。なぜなら、「肩《かた》が強いからホームにつっこんだらアウトか」と相手チームが警戒《けいかい》して、ホームをめざす二塁《にるい》ランナーが三塁で止まるケースがふえるからだ。となると、補殺は記録されない。つまり、先の塁をねらったランナーをあきらめさせるのが、ほんとうの強肩といえるかもしれない。

■捕《と》ってから速いと「足」は止まる

先の塁《るい》をねらったランナーをあきらめさせる。これはたしかに、遠くまで正確《せいかく》に投げられる肩《かた》の強さ（遠投力）があってのこと。でも、じつはそれだけでは、相手チームのランナーはあきらめてくれない。

大事なのは、「捕《と》ってから投げるまでの動き」。これが速いとランナーはあきらめて止まる。しかし動きがおそいと、ランナーは次の塁をねらいやすくなる。

たとえば、レフトの左のほうに飛んだヒットの場合。俊足《しゅんそく》のランナーなら、二塁打をねらいたいところだ。そのとき、レフトがまわりこみながら、ボールを捕った姿勢《しせい》からすばやく二塁ベースのほうに体を切り返すことができれば、バッターランナーは二塁に行くのをあきらめる。早く投げる体勢になれるかどうかが大事なのだ。

また、カットプレーの場合には、とにかくすばやく内野手に送球すると、ランナーの足を止められる。ランナーから見てちかいところにボールがあるとなれば、もう走れない。反対に、外野手がボールを持っている時間が長いと、そのスキを突《つ》かれてランナーが進塁してしまう。

どちらにしても、肩があまり強くない外野手でもしっかりランナーを止められる、ということだ。プロ野球を球場で観戦するときがあれば、ランナーがいるとき、外野手が捕球《ほきゅう》してからの動きに注目してみよう。

■上がった瞬間《しゅんかん》に落下地点がわかる

肩《かた》の強さだけでは、ランナーを止められない。それとおなじように、ただ足が速いだけでは、守備範囲《しゅびはんい》は広くならない。通算1065盗塁《とうるい》の福本《ふくもと》選手が、こんなことをいっている。

「捕《と》れそうもない打球を飛びこんで捕るのは、見た目はひじょうにきれいですが、飛びこむ前に一歩、向こうへ寄《よ》っておけば、もっと楽に捕れる。それがファインプレーなんです。投手の球筋《たますじ》、球種、相手打者のデータから、一球ごとにもっとも打球の飛ぶ確率《かくりつ》の高いところを重点的に守っておけば、アウトにする確率が高いわけです」

打球がどこに飛んでくるか、予測《よそく》できていたから、より足の速さを生かして守備範囲を広げられたのだ。そしてもちろん、プロでも一流の外野手になると、打球の角度、風向き、打球の音など、さまざまな情報《じょうほう》を生かすことで、打球が上がった瞬間《しゅんかん》にもう落下地点がわかるものだ。

今のプロ野球で、そうした能力《のうりょく》が特別にすぐれているのは、ロッテでセンターを守る岡田幸文《おかだよしふみ》選手だ。いつも一歩目が速く、バッターが打つ寸前《すんぜん》に走り出しているときもある。そうして、打球の落下地点まで遠回りせず一直線に入れる。ときには落下地点に飛《と》び込《こ》み、ダイビングキャッチのファインプレーも目立つけれど、どちらかといえば前に後ろに、右に左に、ぐんぐん走りながら見ごとにキャッチするほうが多い。

■目立たないプレーがいちばん大事

岡田選手はこういっている。

「ファインプレーがすべてじゃないんです。しっかりと状況判断《じょうきょうはんだん》をしてバッターランナーに次の塁《るい》はあたえない。それが、いい外野守備《しゅび》の条件《じょうけん》だと思っています」

ファンの人たちはみんな「ファインプレー」が大好きだ。でも、守っている選手としては、目立たないプレーがいちばん大事だという。送球にしても、肩《かた》の強さを生かして遠くへ投げるより、きちっと正確《せいかく》に投げることを大切にしている。

それから、守っているときは、自分の気持ちに少し余裕《よゆう》を残しておくそうだ。

「なにがなんでも捕《と》りにいくんだ、という気持ちでいると、飛《と》び込《こ》んではいけないところで飛び込んで、相手チームにムダな進塁《しんるい》をさせてしまいます。逆《ぎゃく》に、状況判断《じょうきょうはんだん》ひとつで、捕れそうにない打球に追いつくこともできるんです」

せっぱつまったような気持ちになって、飛び込んでアウトをひとつ取れても、そこから体勢《たいせい》を立て直すには時間がかかる。その間にランナーが二塁から三塁に進んでしまったらピンチ。だから、そうならないために、気持ちに少し余裕を残す。この余裕は、これまで岡田《おかだ》選手がくり返しやってきた練習と、豊富《ほうふ》な試合経験《けいけん》によって生まれたものだろう。

■正面に飛んでくる打球はむずかしい

岡田選手が守るセンターは、日本語で「中堅手《ちゅうけんしゅ》」というとおり、まさに外野の中心。両側にいるライト、レフトのバックアップが大事な役割《やくわり》になる。その点、岡田選手はバックアップの意識《いしき》が高いためか、ライトがほとんど動かずに捕れるような、ふつう

外野手としての能力《のうりょく》が特別にすぐれているといわれているロッテの岡田《おかだ》幸《よし》文《ふみ》選手。

のフライまで捕《と》りにいってしまったときもある。

さらに、センターにとっては、二塁《にるい》ベースのバックアップも役割《やくわり》のひとつ。投手の牽制《けんせい》球や、盗塁《とうるい》をさしにいった捕手《ほしゅ》の送球がそれた場合など、すぐ捕れるように準備《じゅんび》しておかなければならない。

また、センターの位置からは、捕手のかまえと投球のコースがよく見える。そこから打球の飛び方を予測《よそく》できる、という利点もある。

その打球のなかで、自分の正面に飛んでくるライナー、フライは、伸《の》びるのか、落ちるのか、プロでも距離《きょり》感がつかみにくいもの。特にセンターは、真っすぐに来る正面の打球が多いので、その見きわめが重要になるポジションだ。

■おなじ外野手でもおなじじゃない

センターとちがって、ライト、レフトに飛ぶライナーは、右方向あるいは左方向へと曲がる打球が多い。しかも、右バッターか左バッターかによっても、打球がちがう。

おなじ外野手といっても、３人が守る位置は離《はな》れている。ゴールデングラブ賞も、ベストナインも、外野手は3つのポジションに分けず、まとめて〈外野手〉として表《ひょう》彰《しょう》されるけれど、じっさいにはまとめられない。レフト、ライトにも、センターとはちがった大事な役割《やくわり》があり、必要な技《わざ》と能力《のうりょく》があるのだ。

打球のちがいを教えてくれたのは、オリックス、巨人《きょじん》で活躍《かつやく》した谷佳知《たによしとも》選手。2015年かぎりで現役《げんえき》を引退《いんたい》したが、オリックス時代にはレフトのイチロー選手、ライトの田口壮《たぐちそう》選手、のちにメジャーリーガーになる名手とともにセンターを守った経験《けいけん》もある。さらにレフト、ライトもしっかり守ることができ、ゴールデングラブ賞を4度受賞した選手だ。打球がどのようにちがうのか、教えてもらおう。

「センターは、打球が真っすぐ来て見えにくい真正面のライナーがいちばんむずかしいです。ライト、レフトは打球が切れるんですが、レフトほど『すごく切れる！』という打球はないんです」

■レフトを軽く見てはいけない

「打球が切れる」とは、「打球が曲がる」とおなじ意味だ。谷選手の話によると、レフトへのライナーはその切れ方がものすごく、特に右バッターのレフト線への打球は、反対側、左バッターのライト線に切れる打球よりもすごいという。だから、谷《たに》選手ほどうまい外野手でも、オリックスで最初にレフトを守ったときは苦労したそうだ。

「最初は、打球をまったく捕《と》れなかったです。それほど切れるんですよ。どう回転するかほとんどわからないし、スライスしたり（打者から見て右方向に曲がりながら飛んだり）、フックしたり（打者から見て左方向に曲がりながら飛んだり）、どっちに来るかわからなかったんです」

今のプロ野球のレフトは、センター、ライトにくらべれば、それほど高い守備能力《しゅびのうりょく》をもとめられていない。センターほどの守備範囲《はんい》、ライトほどの強肩《きょうけん》をもとめられているわけではない。どちらかといえば、打撃《だげき》力のある外国人選手や、肩《かた》と足のおとろえたベテラン選手が守ることが多い。しかし、じっさいには、谷選手が話すとおり、むずかしくて、軽く見てはいけないポジションなのだ。

■じつは守備範囲が広いレフト

バックアップについても、ライトよりレフトのほうがたいへんだという。プロの場合、ライトは一塁《いちるい》への牽制《けんせい》に反応《はんのう》するが、しっかり追うことはない。反対にレフトのほうは、牽制とは別のバックアップがあるから、と谷《たに》選手はいう。

「ライト線や右中間の打球のときは、三塁への送球を想定して、レフトが三塁側のファウルゾーンまで一気に走って行くんです。ピッチャーもバックアップに行きますが、なるべくピッチャーは走らせたくないですから。じっさい、間に合わない場合もありますけど、間に合う選手は当然、守備範囲《しゅびはんい》も広くなります」

じつは、レフトも守備範囲が広い選手のほうがいい。足が速いほうがいいのだ。また、センターにくらべてレフトは打席までの距離《きょり》がちかい。肩《かた》がそれほど強くなくても、バックホームでランナーをさしやすいという。これらはライトでもおなじことだが、谷選手は、あまり肩に自信がなかった。そこで、前にも書いたとおり、「捕《と》ってからの動きの速さ」でカバーしていたそうだ。

「肩が強ければ、バウンドに合わせて捕りに行くこともできるんですが、肩が強くないので、合わせていたら間に合わない。前にダッシュして捕りに行きます。『早く捕って投げる』ということを意識《いしき》しています」

■むかしはライトが軽く見られていた

外野手の足の速さ、肩《かた》の強さは、むかしのプロ野球ではあまりもとめられていなかった。今とくらべて、球場がせまかったことがひとつの理由だ。それが、1990年代、新しいドーム球場が次々にできていくとき、グラウンドも広くなって、外野手に足と肩がもとめられるように変わったのだ。いちばん変わったのはライトだろう。

そのむかし、9つあるポジションのなかで、いちばん軽く見られていたのがライトだった。

むかしは右バッターが多く、ライト方向にうまく打つ選手も少なかったため、あまり打球が飛んでこなかった。それが、しだいに右投げ左打ちの選手が増《ふ》えて、どんどん打球が飛んで来るようになった。となると、ランナーが一塁《いちるい》にいて、ライトへ打球が飛ぶケースが増える。相手がヒットエンドラン(ランナーが走ってバッターは必ず打つ作戦)をかけていたら、一塁ランナーが三塁に進みやすい。

そこで、強肩《きょうけん》のライトが必要になった。ランナー一塁で打球が来て投げたら、三塁に直接《ちょくせつ》とどくような肩の強さだ。これはまさに、イチロー選手が「レーザービーム」

といわれたときの状況《じょうきょう》とおなじ。野球をめぐる環境《かんきょう》が変われば、攻撃《こうげき》と守備《しゅび》のかたちが変わり、選手にもとめられるものも変わるのだ。

■選手の能力《のうりょく》を生かしやすい外野手

外野手の場合、他のポジションからのコンバートが成功した選手も多い。

谷《たに》選手といっしょにプレーしていた田口《たぐち》選手は、ショートからコンバートされた。阪神《はんしん》のライトで活躍《かつやく》する福留孝介《ふくどめこうすけ》選手もおなじくショートだったが、このふたりはコンバートの理由にも共通点がある。強肩《きょうけん》で俊足《しゅんそく》の持ち主なのだが、ショートとしてはどちらも不安があり、特に送球が不安定だったのだ。

肩《かた》が強くても、短い距離《きょり》だと正確《せいかく》に投げられない選手がいる。直すのに時間がかかりそうな場合、広い外野で強肩を生かす、という方法がある。

2015年限《かぎ》りで引退《いんたい》した中日《ちゅうにち》の和田一浩《わだかずひろ》選手は、もともと捕手《ほしゅ》として西武《せいぶ》に入団《にゅうだん》した。しかし当時の西武には伊東勤《いとうつとむ》(現在《げんざい》のロッテ監督《かんとく》)という名捕手がいて、守りで入りこむチャンスがなかった。そこで、打力を生かす道を歩みはじめ、肩の強さを生かして外野手に挑戦《ちょうせん》。レフトに定着したころに、打率《だりつ》3割《わり》30本塁打《ほんるいだ》をマークする選手になった。05年には首位打者にかがやき、プロ19年間で通算2000本安打を達成したのだから、コンバートは大成功だったといえる。

また、巨人《きょじん》とヤンキースなどで活躍《かつやく》した松井秀喜《まついひでき》選手は、高校時代はサードだった。それがセンター、レフトにコンバートされて成功した。ほかに投手、セカンドからのコンバートもあり、外野は選手が持つ能力《のうりょく》を生かしやすいといえそうだ。

■ライト・ゴロをしっかり取ろう

プロの外野手と、学童野球の外野手では、役割《やくわり》や守り方がかなりちがう。

まずライトは、「ライト・ゴロ」というプレーがよくある。一《いち》、二塁《にるい》間をぬけた打球を捕《と》って、ファーストへ投げてアウトにする守備《しゅび》だ。プロとちがって、ライトからファーストまでの距離《きょり》が短いから成り立つのだ。ただし、ライト・ゴロばかりをねらって前に守りすぎたら、大きなフライを捕《と》れない。少し距離が離《はな》れても、ファーストまでノーバウンドでとどくだけの肩《かた》の強さがあるといい。

また、内野ゴロのときの、ファーストのバックアップもおなじ。そればかり意識《いしき》して、ふだんの守備《しゅび》位置がファウルラインにちかづかないよう注意しよう。

センターの役割《やくわり》はプロと変わらない。レフト、ライトに打球が飛んだときのバックアップと、二塁《にるい》ベースのバックアップは大事だ。それから、大きな声でまわりに言葉をかけること。学童野球では、ファースト、サード、そしてセンターが大きな声を出すと、チームがグッと引きしまるのだ。

レフトは、フライがよく飛んでくる。大きなフライもあれば、ショートの後ろあたりの小フライもある。ショートが後ろに下がりながら捕《と》ると不安定なときは、レフトが声をかけて捕りにいったほうがいい。

■外野はヒマだ……なんて思わないこと

学童野球の試合の場合、投手の調子がいいときには、打球がほとんど外野に飛んでこないことがある。ときには、一球も飛んでこないこともある。それでついつい、よそ見をしたり、下を向いたりする子がいる。じっさいに野球をやっている人なら、

「外野ってヒマだな」と思ったときがあるかもしれない。

でも、打球はいつ飛んでくるかわからない。ボーッとしていて、後ろにぬかれてしまったら、ホームランになるときもあるのだ。

そこで、集中力をたもつためには、だまって、じーっとしていないことが大事。打球が外野まで飛んでこないときもバックアップは必要なのだから、どんな打球にも必ず反応《はんのう》して、一歩、二歩、足を動かそう。そして大きな声を出そう。

大きな声を出すと、気分が高まる。眠気《ねむけ》がさめたような感じになって、目の前のことに集中できるようになる。

そうして集中できたら、自分の前のフライはぜったいに落とさない、と心に決めること。頭をこえた場合はしかたないが、ふつうに捕《と》れるものが捕れないと、投手だけでなくみんながっかりする。チームのためにしっかり守ろう。

●●●コラム●●●

■一試合で全ポジションを守った伝説の男

1974年9月29日、日本《にっぽん》ハム対南海《なんかい》（現在《げんざい》のソフトバンク）戦で、とんでもない選手があらわれた。1回にファーストを守ると、2回は捕手《ほしゅ》、3回はサード、4回はショート、5回はセカンド、6回はレフト、7回はセンター、8回はライト、そして9回はマウンドに上がって投手……。なんと、1人で全ポジションを守ったのだ。

この選手の名前は、高橋博士《たかはしひろし》。本来は捕手だが、もともと器用な選手で、この年は内野の全ポジションとセンターを守っていた。でも、なぜ、一試合でこんなに守ることになったのかというと、もう他チームの優勝《ゆうしょう》が決まったあと、監督《かんとく》が観客を喜ばせるため、ファンサービスで起用したのだった。

高橋選手は、投手だけは未経験《みけいけん》。それでも、当時のパ・リーグはDH（指名打者）制《せい》ではなく、相手の投手の打席で投げたのでなんとかアウトを取れた。試合後の高橋《たかはし》選手の感想は、もう二度とやりたくないけれど投手の苦労がわかっただけでもよかった、というものだった。ちなみにこの試合、監督《かんとく》はやはりファンサービスで10人の投手を登板させたが、日本《にっぽん》ハムは0対7で負けてしまった。

一試合で全ポジションを守った伝説をもつ、高橋《たかはし》博士《ひろし》選手。

第3章 ベストナイン打順編《へん》

第三章　ベストナイン　打順編《へん》

■打つ順番はどうやって決める?

野球は9人で攻撃《こうげき》して、点を取りにいく競技《きょうぎ》だ。試合がはじまると、9人の打者が順番に打席に入る。だから1番から9番まで、打つ順番のことを「打順」という。

この打順は、遊びの野球なら、打ちたい人からどんどん打っていけばいいだろう。でも、試合に勝つためには、点を取りやすい順番にならべたほうがいい。9人をどうならべればいちばん点が取れるか、それを考えて決めるのは監督《かんとく》の役目だ。

打順をくわしく解説《かいせつ》する前に、ちょっと第二章を思い出してほしい。その章では9つの守備《しゅび》のポジションについて説明した。それぞれに役割《やくわり》と特徴《とくちょう》があって、必要な技《ぎ》術《じゅつ》や、向いているタイプがあることもわかっただろう。じつは、1番から9番までの打順にも、おなじように役割と特徴がある。バッターのタイプによって、いちばんいい打順が決まってくる。では、1番から9番まで順番に解説していこう。

◆1番バッター◆

■なによりも塁《るい》に出ることが大事

1番バッターの役割《やくわり》は、まず塁に出ることだ。野球は、塁に出たバッターがランナーとしてホームにかえってくると点が入る（得点）。1番バッターは試合がはじまって最初に打席に入るから、そこでいきなり塁に出ると、先に得点しやすくなる。

塁に出るためには、もちろん、ヒットをたくさん打てるバッターがいい。でも、塁に出る方法はほかにもある。相手のエラーをのぞけば、四死球（フォアボール、デッドボール）と内野安打だ。

フォアボールをよく選べる選手は、「選球眼《せんきゅうがん》がいい」といわれる。ストライク、ボールをしっかり見分けられて、かんたんにボール球を振《ふ》らないからだ。

内野安打が多い選手は、足が速い。ボテボテのゴロや高いバウンドのときなど、全速力で一塁をかけぬけて「セーフ！」となりやすい。しかも、それだけ足が速ければ、盗塁《とうるい》して、たちまちノーアウト二塁というチャンスを作れる。そこで2番バッターが送りバントを決めれば、ワンアウト三塁《さんるい》になって、なおさら得点しやすいのだ。

■自分がアウトでもチームに役立つこと

1番にもとめられる性格《せいかく》は、失敗をこわがらずに、思い切りのよさを持っていること。9人の先頭に立って相手ピッチャーに向かっていくのだから、打席であれこれ迷《まよ》っているようではたよりない。あとにつづくバッターに「このピッチャーは打てる」と思ってもらうためにも、中途半端《ちゅうとはんぱ》な打撃《だげき》をしてはいけないのだ。

ただし、とにかく思い切りよく振《ふ》ればいいわけではない。選球眼《せんきゅうがん》のよさを生かしてボール球を振らなければ、そのぶん、相手ピッチャーに球数を多く投げさせ、つかれさせることになる。しかも、ボールかストライクか微妙《びみょう》な球はファウルしてねばれば、あとにつづくバッターに、相手ピッチャーの球をたくさん見せることができる。

つまり、自分がアウトになってもチームのために役立つ。ベンチにもどるとき、次のバッターに相手の先発投手の状態《じょうたい》をつたえることもできる。反対に、初球を打ってアウトでは、いくら思い切りがよくても「いい1番バッター」とはいえない。

■プロ野球の理想的な1番バッターは？

2015年のプロ野球で、全143試合に出場して、ずっと1番を打ったバッターはただひとりしかいない。西武《せいぶ》の秋山翔吾《あきやましょうご》選手だ。シーズン安打の日本新記録となる216本ものヒットを打つ技術《ぎじゅつ》があって、17個《こ》の盗塁《とうるい》を決めた足の速さもあり、フォアボールも60個とよく選んだ。三振《さんしん》も少ない。そのうえで打撃《だげき》には思い切りのよさもあるから、ほんとうに理想的な1番バッターといえるだろう。

また、秋山選手の打率《だりつ》は3割《わり》5分《ぶ》9厘《りん》だったが、そこでもうひとつの数字、4割1分9厘を記録した出塁率《しゅつるい》というものに注目しよう。これは文字どおり、塁に出た割合《わりあい》を示《しめ》した数字で、プロでは4割を超《こ》えるとかなり高い。これから1番バッターの記録を見るときには、打率や盗塁だけでなく、出塁率にも注目しよう。

全 143 試合に出場して（2015 年）、すべて1番を打ったのはひとりだけ。西武《せいぶ》の秋山翔吾《あきやましょうご》選手。

■じつは相手がこわがる1番バッターとは？

高い打率《だりつ》に出塁率《しゅつるい》、盗塁《とうるい》も多い。たしかにそれは理想的な1番バッターだが、絶対《ぜったい》にそういうタイプじゃないとダメ、ではない。たとえば、2007年の巨人《きょじん》・原辰徳《はらたつのり》監督《かんとく》は、高橋由伸《たかはしよしのぶ》選手を1番バッターにした。高橋選手は、どちらかといえば長打力で目立つ選手でホームランも多く、もともと初球からどんどん振《ふ》るバッターだ。足もそれほど速くなく、あまり1番にふさわしくないのでは？　と思ってしまう。

でも、じつは相手の先発投手にとって、1番に高橋選手のようなバッターが入っているのはイヤだという。なぜなら、試合がはじまっていきなりホームランを打たれるかもしれないし、打たれたらたちまち1点をうしなう。しかも、どんどん振ってくるバッターは、それだけでこわさを感じるそうだ。

じっさい、07年の高橋選手は35本ものホームランを打って、相手ピッチャーたちをふるえ上がらせた。打率は3割《わり》8厘《りん》だったが、出塁率は4割4厘と高く、見ごとに1番の役割《やくわり》をはたしてチームの優勝《ゆうしょう》に貢献《こうけん》した。

◆2番バッター◆

■いろいろな方法でランナーを進塁《しんるい》させる

1番バッターが塁に出たら、点を取るためにランナーを進塁させること。それが2番バッターの大事な役割《やくわり》だ。

ランナーを進塁させる方法はいろいろある。まず、確実《かくじつ》に二塁に進めるなら送りバント(犠打《ぎだ》)がいちばんいい。もっとチャンスを広げるには、一塁ランナーがスタートしてバッターが打つヒットエンドラン、あるいはランエンドヒットという作戦がある。ヒットならばランナーが一塁、三塁になって、一気に得点しやすくなる。

ということは、2番バッターが打席に入ると、ベンチからさまざまな作戦のサインが出る。カウントによっては、とちゅうで作戦が変わる場合もある。だから、急に変わってもおどろかない頭のやわらかさと、気持ちの落ち着きが大切。それに、バントをきっちり決める技術《ぎじゅつ》も必要だし、ヒットエンドランのときは、どんなボールでもバットに当てて転がさないといけない。1番バッターとおなじく、ねばり強いバッティングができる選手がふさわしい。

■1番バッターと息を合わせて攻撃《こうげき》

プロ野球では、よく「1、2番コンビ」というよび方をする。第二章のショートのコーナーでは「二遊《にゆう》間コンビ」を解説《かいせつ》したが、攻撃でも「コンビ」はある。

あらためて説明すると、コンビには「二人組」や「組み合わせ」といった意味があり、あの、お笑い芸人が二人で演《えん》じる漫才《まんざい》の「コンビ」も意味はおなじ。二人で息の合った打撃《だげき》や走塁《そうるい》をして、相手のバッテリーにプレッシャーをかけたり、まどわせたりして、得点しやすい状況《じょうきょう》を作るのだ。

たとえば、1番バッターが塁に出て盗塁《とうるい》をしかけるとき。2番バッターはバントのかまえをして、捕手《ほしゅ》の視界《しかい》をバットでさえぎり、二塁方向が見えづらくする。左バッターならば、捕手がボールを投げる右腕《みぎうで》のほうに立っているから、なおさら見えづらく、じゃまになり、ランナーが走ったあとも投げづらい。また、視界をさえぎるためには、わざと空振《からぶ》りをすることもある。そのような盗塁《とうるい》のサポート（手助け）も2番の役割《やくわり》だ。

■1、2番でも活躍《かつやく》した「アライバ」

最近のプロ野球でかがやいていた「1、2番コンビ」は、ショートのコーナーで登場した中日《ちゅうにち》の「アライバ」だ。荒木雅博《あらきまさひろ》選手と井端弘和《いばたひろかず》選手のコンビは、まさに理想的だった（井端選手は2014年巨人《きょじん》に移籍《いせき》し15年かぎりで引退）。二人とも打撃《だげき》はねばり強く、足が速くてバントがうまくて、1番と2番、どちらでもこなせるのがスゴかった。しかも「二遊《にゆう》間コンビ」でもあったから、守りでも攻撃《こうげき》でも息が合っていた。このアライバが活躍したころの中日は、つねに優勝《ゆうしょう》の可能性《かのうせい》があって日本一にもなった。「1、2番」と「二遊間」がおなじコンビなら最強かもしれない。

そのほかの1、2番で名コンビは、横浜《よこはま》（現在《げんざい》のDeNA）が日本一になったときの石井琢朗《いしいたくろう》選手と波留敏夫《はるとしお》選手、西武《せいぶ》の黄金期に活躍した辻発彦《つじはつひこ》選手と平野謙《ひらのけん》選手、そして巨人V9時代の柴田勲《しばたいさお》選手と土井正三《どいしょうぞう》選手などがあげられる。

■バントをしない2番打者とは?

1番バッターとおなじで、2番バッターも「絶対《ぜったい》こういうタイプじゃないとダメ」という決まりはない。たとえば、メジャーリーグの2番バッターはまず送りバントをしないし、日本のプロ野球でもバントをしない2番はいる。

2015年に優勝《ゆうしょう》したヤクルト、川端慎吾《かわばたしんご》選手は7月からずっと2番を打ったが、送りバントは2つだけだった。川端選手には首位打者になるほどの打力がある。だから、バントでひとつのアウトを相手にあたえるよりも、打つことでチャンスを広げたい、と真中満監督《まなかみつるかんとく》が考えたのだろう。

かつて「バントをしない2番打者」として注目されたのは、2015年かぎりで引《いん》退《たい》した元中日《ちゅうにち》の小笠原道大《おがさわらみちひろ》選手だ。1999年、日本《にっぽん》ハムでプレーしていたその年、小笠原選手は117試合で2番を打ったが、送りバントはゼロだった。翌《よく》2000年も120試合で2番を打ってゼロ。そうして02年からは3番で大活躍《かつやく》したが、チーム構成《こうせい》や監督の考えによって、2番にもとめられるものは変わる。つまり、バントをしなくても、打って3番につなぐことができればいいのだ。

わずか送りバントが2つだけの2番打者、ヤクルトの川端慎吾《かわばたしんご》選手。

◆3番バッター◆

■クリーンアップで最初に出てくる3番

3番、4番、5番のことを合わせて「クリーンアップ」とよぶ。その意味は「そうじする」だけれど、なにをそうじするかといえば、塁《るい》上のランナー。長打力のある3人がヒットやホームランを打って、ランナーがホームにかえってくれば、塁上はきれいさっぱりだれもいなくなるから、その様子を「そうじ」に見立てたのだ。じゃあ、クリーンアップで最初に出てくる3番の役割《やくわり》はなんだろうか。

もちろん、ヒットを打ってランナーをかえすこと。そして、クリーンアップの3人のなかでは、ヒットの確率《かくりつ》、つまり打率《だりつ》がいちばん高く、勝負強いバッターが理想的だ。なぜなら、3番は1回に必ず打席が回ってくる。1番が塁に出て、2番がチャンスを作り、そこで3番がタイムリーヒットを打つ。そうして相手より先に1点を取れたら、試合がやりやすくなる。ということは勝ちにちかづく。

もし、1番と2番がつづけてアウトになった場合でも、必ず3番に回る。そこでヒットを打てば、長打力のある4番、5番につながって、もう一度、チャンスを作れる。だから、打率《だりつ》の高いバッターがのぞましいのだ。

■ただヒットを打てばいいわけじゃない

ランナーをかえすだけでなく、4番、5番につなぐ役割《やくわり》もある。ということは、3番バッターは打率が高くて勝負強いだけでなく、バッターとしての意識《いしき》の高さももとめられる。とにかくヒットを打てばいい、という考えの持ち主ではたよりない。

場面と状況《じょうきょう》、カウントによっては、長打をねらわずにフォアボールをえらんだほうがいいときがある。また、ノーアウトやワンアウト二塁《にるい》で打席に入ったとき。相手ピッチャーの調子によっては、ライト方向にゴロをころがして、ランナーを三塁に進めたほうがいいときもある。なんでも自分で決めてやろう、ではなく、そのときどきでいちばんいい結果を出せる能力《のうりょく》の持ち主が、理想的な3番バッターなのだ。

意識の高さがよく見えたのは、1998年、日本一になった横浜《よこはま》(DeNA)で3

番を打った鈴木尚典《すずきたかのり》選手。「マシンガン打線」とよばれたベイスターズ打線のなか、鈴木選手は、自分を犠牲《ぎせい》にしてでも4番のローズ選手につなげようとしていた。そして、そうした意識《いしき》を持ちながら、この年、2年連続で首位打者を獲得《かくとく》したのはスゴイことだった。

■史上最強の3番バッターは王《おう》選手

歴史に残る最強の3番バッターといえば、長嶋茂雄《ながしましげお》選手とともに巨人《きょじん》のクリーンアップを打っていた王貞治《さだはる》選手。868本塁打《ほんるいだ》の日本記録を持っている偉大《いだい》な選手、ということはキミも知っているだろう。だから王選手＝ホームランバッターとして見られていて、あまり「3番バッターでスゴかった」とは思われていないかもしれない。じっさい、ベーブ・ルースの714本塁打、ハンク・アーロンの755本塁打をぬいたときには4番を打っていたから、イメージは4番バッターだろう。

でも、巨人が9年連続日本一を達成して、V9とよばれる時代をきずいたときは、王選手が3番を打ち、長嶋選手が4番を打っていた。そしてなぜ、3番として最強な

王《おう》選手とともに巨人《きょじん》のクリーンアップを打っていた長嶋茂雄《ながしましげお》選手。

史上最強の３番バッター、本塁打《ほんるいだ》868本の記録を持つ王貞治《おうさだはる》選手。

のかというと、長打力にくわえて、フォアボールの多さがあげられる。

相手バッテリーとしては、ピンチで王《おう》選手をむかえたときにホームランを打たれたくない。そこで敬遠《けいえん》でのフォアボールがふえる。じっさい、王選手の通算四球数は歴代1位の2390で、2位の落合博満《おちあいひろみつ》選手は1475だから断《だん》トツなのだ。そうして3番の王選手が一塁《いちるい》に出て、勝負強い4番の長嶋《ながしま》選手に回る。チャンスを広げる役割《やくわり》も果たしていたのだ。

■優勝《ゆうしょう》チームの3番バッターに注目しよう

2015年のプロ野球では、セ・パ両リーグの優勝チームで3番バッターが光り輝《かがや》いた。ソフトバンクの柳田悠岐《やなぎたゆうき》選手と、ヤクルトの山田哲人《やまだてつと》選手だ。どちらも打率《だりつ》3割《わり》以上、30本塁打《ほんるいだ》以上、30盗塁《とうるい》以上を記録して、スーパースターといえる存在《そんざい》になった。しかも、柳田選手は首位打者になって、ホームランと打点がリーグ3位、盗塁がリーグ2位。山田選手はホームラン王になって、打率と打点がリーグ2位、そして盗塁王も獲得《かくとく》したのだ。

打率《だりつ》が高く、ホームランをたくさん打てる長打力があって、チャンスで勝負強いから打点が多い。しかも、盗塁《とうるい》を決める技術《ぎじゅつ》もある。足の速さを生かして、自分でチャンスを広げることもできるのだ。

ふつうは、どれかひとつでも飛《と》び抜《ぬ》けているだけですばらしいのに、この二人は4つも飛び抜けているのだからスゴすぎる。「万能《ばんのう》選手」とよんでいいだろうし、こういう選手が3番を打つチームはほんとうに強い。最高の3番バッターとして、柳田《やなぎた》選手と山田《やまだ》選手に注目しよう。

◆4番バッター◆

■相手のエース級を打てるのが4番

4番は、「よばん」と読む。「よんばん」でもまちがいではないけれど、野球の世界では「よばん」が正しい。ただの「よんばんめのバッター」ではないからだ。

4番バッターは「打線の主軸《しゅじく》」といわれたり、「クリーンアップの中軸」といわれたりもする。ということは、3番バッターよりも高い能力《のうりょく》が必要だ。それはどういう能力なのだろう。

ホームランをたくさん打てる長打力、ヒットをたくさん打てるミート力、チャンスでランナーをかえせる勝負強さ。こういう能力なら、3番バッターでも持っていそうだ。でも、4番バッターはそれだけじゃない。攻撃《こうげき》するときに、チーム全体の心のささえになれるだけの能力がもとめられる。

じゃあ、攻撃するチーム全体、どういうときに心が弱まってしまうのだろう。答えは、相手のエース級ピッチャーにおさえこまれて打てないときだ。そういうときに打てるのが4番バッター。みんなが打てるピッチャーを打つのは当たり前で、好投手を打ってこそ「4番のはたらき」と評価《ひょうか》され、心の支《ささ》えになれるのだ。

■強い精神《せいしん》力が必要な「チームの顔」

相手のエース級と対戦して、4番バッターでさえ打てずに得点は0点、完封《かんぷう》負け。となると、「4番の責任《せきにん》」といわれたりする。4番が打って勝てば「さすが」といわれるけれど、4番が打てなくて負ければ、そのまま「4番が打てないから負けたんだ」といわれてしまう。それでも、いいわけしないで、だまって責任をせおって、打てるように練習しなければいけない。

だから、そうとうに強い精神《せいしん》力を持っていないと4番はつとまらない。また、打てなかったことをいつまでもくやまず、スパッと気持ちを切りかえる。それだけの心の広さも必要だろう。野球選手としての技術《ぎじゅつ》はもちろんだが、心、精神、気持ちといった言葉がつづけて出てきたとおり、人間としての内面がしっかりしている選手が4番にふさわしい。投手であればエースとおなじように、「チームの顔」ともいわれるから、だれを4番にするか、決めるだけでも監督《かんとく》は大仕事だ。

■失投をのがさない集中力と打撃技術《だげきぎじゅつ》

では、4番バッターにもとめられる技術はなにか。

まず、相手ピッチャーは、4番バッターに対するからこそ警戒《けいかい》して、とても用心深く投げてくる。「失投」といわれる甘《あま》い球、打ちやすい球がくることはめったにない。ということは、数少ない失投をのがさない集中力と打撃技術が必要だ。とらえた！と思ったのにファウル、内野ゴロ、というような打ち損《そん》じはゆるされない。確実《かくじつ》に、一撃《いちげき》でしとめないと、4番の役割《やくわり》は果《は》たせない。

ファウル、ファウルで空振《からぶ》り三振《さんしん》…。そんなあっさりしたバッティングをしているようでは、相手バッテリーの思うがままになる。1試合のなかで、2打席か3打席は3ボール2ストライクまで投げさせて、相手バッテリーにプレッシャーをあたえるようにしたい。それでヒット、ホームランが出なくても、相手は弱まる。4番はそれぐらい、大きな存在《そんざい》なのだ。

■スゴイ4番だった巨人《きょじん》時代の松井《まつい》選手

プロの世界で4番バッターにもとめられる数字は、40本塁打《ほんるいだ》、100打点。打率《だりつ》も高ければなおいいが、4番にはそれ以上に、「ここ」という大事な場面で試合を決める一打がほしい。たとえば、西武《せいぶ》の中村剛也《なかむらたけや》選手はこれまで6度のホームラン王にかがやいたが、打率が3割《わり》を超えたことは一度もない。そのかわり、40本塁打と100打点を3度も達成しているから、すばらしい4番バッターといえる。2015年も37本塁打、124打点を記録し、ホームランと打点の二冠《かん》王を獲得《かくとく》した。

過去《かこ》の選手では、ヤンキースをはじめメジャーリーグでも活躍《かつやく》した松井秀喜《ひでき》選手をあげておきたい。巨人時代にシーズン通して4番を打ったのは2000年からの3年間だけだったが、毎年、100打点以上。ホームランは42本、36本、50本。しかも打率も3割を超え、01年には首位打者にかがやいた。さらにスゴイのは出塁率《しゅつるいりつ》が毎年、4割を超《こ》えていたことで、四球を多く選べる選球眼《せんきゅうがん》のよさも光っていた。

2015年、ホームランと打点の二冠《かん》王に輝《かがや》いた西武《せいぶ》の中村剛也《なかむらたけや》選手。

◆5番バッター◆

■チャンスに強くて長打を打てる

1番バッターが塁《るい》に出て、2番が送りバントでワンアウト、ランナー二塁。3番がタイムリーヒットを打って、次の4番バッターをむかえたバッテリーが警戒《けいかい》しすぎてフォアボール。ワンアウト、ランナー一、二塁――。そのように、ランナーが二人以上いる場面で、よく打席が回ってくるのが5番バッターだ。

そんな5番にまずもとめられるのは、チャンスに強いこと。長打を打てるパワーがあって、打率《だりつ》も3割《わり》ちかく残せる選手なら理想的だ。

ランナーがいる場合の意識《いしき》としては、あとにつなぐとか、塁に出るとか、そういうことはあまり考えなくてもいい。とにかく自分が打って、ランナーをかえすことに集中すればいい。4番がスゴい選手であればあるほど、敬遠《けいえん》して5番勝負、ということもよくある。そんなときに、「絶対《ぜったい》に打たなきゃ」と力むのではなく、「これでまた打点がかせげるぞ」と、どっしりかまえていられるといい。

■外国人選手はなぜ5番で活躍《かつやく》できる?

2015年のソフトバンクは、5番に李大浩《いでほ》選手が入っていた。14年は4番を打っていたし、その前のオリックスでもずっと4番だった。それだけ優秀《ゆうしゅう》なバッターを5番におけるのは、チームとしてかなりの強みだ。なにしろ、ホームランは34本で打点も98だから、ほかのチームならまちがいなく4番を打っているだろう。李大浩選手ほど、どっしりかまえていられる5番はいなかったかもしれない。

李大浩選手は韓国《かんこく》から日本にやってきた外国人選手、いわゆる〝助っ人〟だ。そこでほかのチームの打線を見ると、おなじ外国人選手がよく5番を打っていて、阪神《はんしん》のマートン選手、DeNAのロペス選手、西武《せいぶ》のメヒア選手が活躍した。

外国人選手は、なによりバッティングでいい成績《せいせき》を残すことをもとめられている。だから、チャンスで打席に立てば、打点をかせぐことに集中しやすい。5番バッターとしては理想的といえるだろう。

■「巨人《きょじん》史上最強の5番打者」はだれだ？

反対に、打点をかせぐことに集中しにくかったのが、むかしの巨人の5番バッターだ。これには3番バッターのコーナーで登場した王《おう》選手と長嶋《ながしま》選手が関係している。

というのも、「ON《オーエヌ》」とよばれたこの3番、4番のバッティングがスゴかったから、どうしても、敬遠《けいえん》されるケースが多い。すると、5番にはプレッシャーがかかって打ち取られやすい。そのため、ONがいたV9時代は毎年のように5番バッターを変えていくしかなく、じつは監督《かんとく》にとって〝悩みのタネ〟だった。

それでも、長嶋選手が引退《いんたい》して、監督になったあとの1977年。「巨人史上最強の5番打者」とよばれるバッターが誕生《たんじょう》した。その名は柳田真宏《やなぎだまさひろ》選手。当時の話を聞いてみると、4番の王選手のあとを打つのはたいへんだったという。

「最初は重圧《じゅうあつ》を感じなかったんですけど、一試合、一試合、積《つ》み重ねていくほどに、王さんの偉大《いだい》さを身にしみて実感するようになりました。けっきょく、ツーアウト、ランナー二塁《にるい》になったら、100パーセント、敬遠でしたからね。それで開幕《かいまく》からしばらく打てなくて、いちばんひどいときの打率《だりつ》が0割《わり》7分《ぶ》7厘《りん》でした」

■王《おう》選手のひと言が最強の5番を生み出した

とんでもない打撃不振《だげきふしん》におちいった柳田《やなぎだ》選手は、4月の終わりごろに長嶋《ながしま》監督とともに猛《もう》特訓。そのおかげもあって、5月に4割《わり》4分《ぶ》2厘《りん》というスゴイ打率《だりつ》を残して、月間MVPに選ばれた。好調になってからは、打席での意識《いしき》を変えたそうだ。

「僕《ぼく》はそれまで、代打で出ることが多かったんです。だから、1試合で4打席に立てるようになったけども、1打席、1打席、全部、代打で出るつもりでいこう、と考えたんですね。そうすると、プレッシャーがなくなって、王さんが敬遠《けいえん》されたあとも打てるようになりました」

柳田選手がその年に残した数字は、打率3割4分、21本塁打《ほんるいだ》、67打点。代打での経《けい》験《けん》が、それだけの好成績《こうせいせき》につながった。そして、プロとして自信をつかんだのも、代打で活躍《かつやく》していたとき、先輩《せんぱい》の王選手からいわれた言葉だった。

「まだ代打ばっかりで出ていた頃《ころ》、『おまえ、よく1打席でいきなり打てるな。おれはダメだ』っていわれたんです。僕はそのひと言を聞いて、超《ちょう》一流の王さんでもできないことをおれはやっているんだと。そう考えたら、すごい自信になったんですよ」

「巨人《きょじん》史上最強の５番打者」柳田《やなぎだ》真宏《まさひろ》選手。

「プロ野球史上最高のホームランバッター」を生み出したのは、「巨人《きょじん》史上最強の5番打者」だったのだ。

◆6番バッター◆

■長打力のあるベテランが理想的

6番という打順は、クリーンアップのすぐあと。3番、4番、5番と強打者と対戦して、ずっと緊張《きんちょう》していた相手バッテリーにとっては、少しだけ気をゆるめられる打順といえる。投手も捕手《ほしゅ》も、試合のなかでホッとひと息つきたいときはあるのだ。だから、そんなときにまた強打者が出てきたら、相手にすればかなりやっかいだろう。

そこで、理想的な6番バッターは、長打力があるベテラン。2015年のプロ野球で6番を打った選手を見わたしてみると、巨人《きょじん》・高橋由伸《たかはしよしのぶ》選手、阪神《はんしん》・福留孝介《ふくどめこうすけ》選手、広島《ひろしま》・梵英心《そよぎえいしん》選手、楽天《らくてん》・松井稼頭央《まついかずお》選手はまさにそのとおりだ。

では、なぜベテランがいいかというと、クリーンアップが敬遠《けいえん》されたり、ランナーをかえせなかったり、まだチャンスがつづいている場合がある。そんなときに経験豊富《けいけんほうふ》なベテランなら、プレッシャーなど感じずに打席に入れるからだ。また、長打力があるということでは、外国人選手もよく6番を打っている。

■西武《せいぶ》の森友哉《もりともや》選手の打順はなぜ6番？

メンバー構成《こうせい》とチーム全体の打力によっては、若《わか》い選手に6番を打たせる場合もある。なぜかというと、クリーンアップのあとだから、チャンスで打てなくてもあまり責任《せきにん》を感じる必要がない。バントを決めたり、進塁打《しんるいだ》を打ったり、バッターとしての細かい技《わざ》もそれほどもとめられない。どちらかといえば、気楽な気持ちで打席に入れて、自由に打っていい。となると、若い力を発揮《はっき》しやすい。

理想は、やはり長打力のある選手。その点、2015年の西武では、開幕《かいまく》から森友哉選手が6番に入っていた。高校を卒業してプロに入り、2年目の20歳《さい》。それでもホームランをたくさんかっ飛ばしてオールスターゲームにも出場し、トータルでは打《だ》率《りつ》2割《わり》8分《ぶ》7厘《りん》、17本塁打《ほんるいだ》、68打点という好成績《こうせいせき》を残した。果たして、もしも森選手がずっとクリーンアップを打っていたら、そこまでいい成績を残せただろうか。6番という打順が、若い森選手を成長させてくれたのだ。

6番という打順で能力《のうりょく》を開花させた西武《せいぶ》の森友《もりとも》哉《や》選手。

◆7番バッター◆

■7番は「第二の1番バッター」だ

7番という打順は、気楽な気持ちで自由に打っていい6番のあと。だから、もっと気楽で自由、といいたいところだが、じつはそうではない。「7番は第二の1番バッター」といわれるほど、むずかしい打順なのだ。

試合がはじまって、1回、2回と、3人ずつで攻撃《こうげき》が終わったとしよう。すると、試合が動き出す3回の先頭打者になるのが7番バッターだ。ここで、チームではじめて塁《るい》に出られるかどうかは、そのあとの試合の進め方に大きな影響《えいきょう》があるはず。ということは、とにかく塁に出る能力《のうりょく》を持つ選手がのぞましい。プロ野球では、どういう選手が7番を打っているのだろう。

2015年の12球団《きゅうだん》を見わたしてみると、ずっと7番を打っている選手は少ない。そのなかで、広島《ひろしま》の田中広輔《たなかこうすけ》選手は、最初に7番、8番を打ったあとで4月下旬《げじゅん》から

「第二の1番バッター」7番を打っていた広島《ひろしま》の田《た》中《なか》広《こう》輔《すけ》選手。

1番に。そして6月の中旬《ちゅうじゅん》からシーズン終了《しゅうりょう》までは7番を打つことが多かった。

チームとしては、俊足《しゅんそく》の田中《たなか》選手に1番をまかせたいが、まだ打撃《だげき》には努力が必要。そこで、まさに「第二の1番バッター」として7番を打たせたのではないだろうか。

■足が速い7番バッターなら攻撃《こうげき》しやすい

7番バッターが1番バッターのように塁《るい》に出られて足が速いと、その後の攻撃がやりやすい。まず、塁に出たら、盗塁《とうるい》で得点のチャンスを作ることができる。ノーアウトだったら、たとえ8番、9番がつづけて凡退《ぼんたい》しても、ランナー二塁のままで1番バッターに回る。すると、タイムリーヒットで1点を取れるかもしれない。

もしも盗塁に失敗して、三者凡退に終わっても、おちこむ必要はない。次の回は1番バッターから攻撃できる、ということで、すぐに気持ちを切りかえられるからだ。

1〜5番の上位打線にくらべて、6番からの下位打線に強打者をならべるのはむずかしい。そこで、7番が俊足《しゅんそく》を生かしてチャンスを広げ、上位打線につなぐことが大事になる。打順は9番でおしまいではなく、1番につづくのだ。

◆8番バッター◆

■相手にショックをあたえる「恐怖《きょうふ》の8番」

セ・リーグの場合、9番に投手が入る。そこで8番には、野手の中でいちばん打撃《だげき》がよくない選手が入る。たいていは、捕手《ほしゅ》が8番を打つことになる。

捕手は守っているだけで体がつかれやすく、ケガも多いたいへんなポジションだ。相手バッターを打ち取るため、投手をうまくリードするのに気をつかい、配球を考えるのに頭もつかう。もともと打力のある捕手でも、プロに入ると、バッティングにまで集中力を発揮《はっき》して、結果を出すことがむずかしくなるのだ。

その点、正捕手だったころの巨人《きょじん》・阿部慎之助《あべしんのすけ》選手や、かつてのヤクルト・古田敦也《ふるたあつや》選手はクリーンアップを打ち、タイトルにもかがやいたのだからスゴかった。しかし、そういう選手は特別の中でも特別なのだと知っておこう。

ただ、「恐怖の8番打者」という言葉もある。相手ピッチャーは「8番には打たれない」と思っているから、いざ打たれると強烈《きょうれつ》なショックを受けやすい。それもホームランだったらなおさら。だから、意外に長打力を発揮《はっき》できる選手が理想的だろう。捕手《ほしゅ》であれば、広島《ひろしま》の會澤翼《あいざわつばさ》選手に期待が持てる。もともとバッティングのよさでばってきされた選手だから、これからの成長を楽しみにしよう。

■当てるのがうまいだけの8番ではこまる

2015年かぎりで現役《げんえき》を引退《いんたい》し、監督専任《かんとくせんにん》となった中日《ちゅうにち》の谷繁元信《たにしげもとのぶ》選手は、最後まで意外な長打力を発揮していた。プロ27年間で通算229本塁打《ほんるいだ》を記録したが、じつは15年も14年も1本ずつ打って、27年連続でホームランを打ったのはスゴイ。捕手としての能力《のうりょく》を生かし、相手が投げてくるボールを読んで打っていたという。

8番バッターでこまるのは、バットにボールを当てる技術《ぎじゅつ》があっても、パワーがない選手。打っても内野ゴロになりやすく、一塁《いちるい》にランナーがいるとダブルプレーになりやすい。じっさいにダブルプレーなら、セ・リーグの場合、チャンスを作ることもなく9番の投手に回るから、がっくりしてしまう。監督としては、二つのアウトを同

「恐《きょう》怖《ふ》の8番打者」広島《ひろしま》の會澤翼《あいざわつばさ》選手。

時に取られるよりは、三振《さんしん》でアウトひとつのほうがありがたいものなのだ。

一方、指名打者制《せい》のパ・リーグでは9番に野手が入る（指名打者制については後で解説《かいせつ》する）。そのため上位打線にはつながりやすい、というちがいはあるけれど、8番に捕手《ほしゅ》が入ることが多いという点ではセ・リーグとおなじだ。

◆9番バッター◆

■投手のバッティングにも注目しよう

セ・リーグの場合、9番には投手が入る。ごくまれに、投手を8番に入れ、野手を9番に入れる監督《かんとく》もいるが、基本的《きほん》には、もっとも打力のない投手が9番に入る。もちろん、打力をたよりにできなくても役割《やくわり》はある。塁上《るい》にランナーがいる場合、まず送りバントのサインが出るから、ここできっちり決めないといけない。決められれば、得点のチャンスになって、自分で自分を助けることにつながるからだ。

また、打力がないからといって、あまりにもあっさり三振《さんしん》してしまうのはよくない。なんとかファウルでねばって、相手ピッチャーに球数を投げさせるなど、戦う姿勢《しせい》を見せる9番バッターの投手がのぞましい。

2015年のセ・リーグでは、広島《ひろしま》の黒田博樹《くろだひろき》投手、ヤクルトの小川泰弘《おがわやすひろ》投手が、よく打席でしぶとさを見せていた。まわりは「投手がバッターならおさえて当たり

打席でのしぶとさが目立つ広島《ひろしま》の黒田《くろだ》博樹《ひろき》選手。

前」と思っているから、なかなかアウトにできないとプレッシャーがかかってくるものだ。一方、広島《ひろしま》の前田健太《まえだけんた》投手のように、ホームランを打てるパワーの持ち主もいる。「どうせ打てっこない」などと思わずに、セ・リーグの9番に注目しよう。

■指名打者制《せい》について知っておこう

前に書いたとおり、パ・リーグの場合は指名打者制なので9番には野手が入る。ここで先に指名打者制について解説《かいせつ》しておこう。

指名打者とは、投手のかわりに打席に立つバッターのことで、守備《しゅび》にはつかない。英語ではDesignated Hitterという。その英語の頭文字をとって「DH」と表されることが多く、日本では「ディーエイチ」とよぶのがふつうだ。

指名打者制は、アメリカのメジャーリーグで1973年からはじまった。メジャーリーグにはアメリカン・リーグとナショナル・リーグがあり、指名打者制はアメリカン・リーグだけでつかわれている。日本では75年からパ・リーグだけでつかわれるようになった。投手のかわりに打席に立つのだから、当然、指名打者には強打者がなったほうがいい。守備《しゅび》にはつかないので、あまり守りがうまくなくてもいい。とにかく打力を発揮《はっき》してくれればいいので、あまり足が速くなくてもいい。

というわけで、一発長打を期待されて入団《にゅうだん》した外国人選手がＤＨになることが多い。あるいは、２０１５年の西武《せいぶ》・森友《もりとも》哉《や》選手のように、まだ守るポジションがないため、まず打力を発揮してほしいバッターをＤＨにする場合もある。

9番の役割《やくわり》は7番バッターとおなじ

ＤＨは強打者が多いから、たいてい、クリーンアップの一員になる。だから9番に入るのはほかのポジションを守る選手だが、どんなタイプが向いているのだろう。

役割としては、７番バッターとおなじく、とにかく塁《るい》に出て上位打線につなぐこと。長打力はなくてもいいので、ミート力があって、１番バッターのように足が速いともっといい。内野安打でも塁に出られて、上位につなげられるからだ。

現在《げんざい》のパ・リーグでは、捕手《ほしゅ》が9番に入るケースも多いが、２０１５年の日本《にっぽん》ハムでは、西川遥輝《にしかわはるき》選手、中島卓也《なかしまたくや》選手と、足の速いふたりがよく9番に入っていた。し

上位打線につなぐため、足の速さが武器《ぶき》になる9番バッター。日本《にっぽん》ハムの西川遥輝《にしかわはるき》選手。

かも、西川《にしかわ》選手は1番、中島《なかしま》選手は2番を打てるだけの打力と技《わざ》を持っている。こういうバッターが9番に入ると、よくつながる打線になるのだ。

■プロ野球とはちがう、学童野球の打順

プロ野球とちがって、学童野球の試合は最大7イニングまでしかおこなわれない（4年生以下は最大5イニング）。また、〈1時間30分をすぎて新しいイニングに入らない〉などの時間制限《せいげん》もある。となると、打順に対する考え方も変わってくる。

イニング数が少なく、時間にもかぎりがあると、どうなるか。1番から3番までは3打席回ってきても、4番には2打席しか回ってこない場合もあるのだ。だから、監《かん》督《とく》としては、できるだけ前の打順にいい選手をおきたい。

プロでは、強打者がならぶクリーンアップが打てば、いちばん点が入りやすい。でも、学童野球では、1番から強打者をならべたほうが点が入りやすい。足が速い選手も、なるべく1番から3番までにおきたい。守りのミスがおきやすい学童野球では、足の速い選手が塁《るい》に出ると、それだけで点が入りやすい状況《じょうきょう》になるからだ。

もちろん、学童野球でも、監督《かんとく》によって考え方にちがいがあるし、メンバー構成《こうせい》によっても攻撃《こうげき》のやり方にちがいは出てくる。1番にいちばん足の速い選手をおいて、4番にいちばん長打力のある選手をおくチームもあるだろう。キミがチームに入っているなら、1番と4番がどんなタイプなのか、知っておくのもいい。

●●・コラム・●●

■全打順でホームランを打った男たち

プロ野球の打順には役割《やくわり》があり、それぞれの打順に向いた選手のタイプもある。ということは、なかなか、自分で思いえがいたバッティングはできないものだ。「この打順を打ちたい」とのぞんでも、それは監督《かんとく》が決めることで自分では決められない。

たとえば、ホームランを打つ能力《のうりょく》を持った選手。3番から6番を打つときは、長打をもとめられているから、ホームランをねらいやすいだろう。でも、1、2番を打つときは、塁《るい》に出ることをもとめられるから、ねらいにくい。また、ホームランを打てる実力の持ち主が、7番からの下位打線を打つことはあまりない。

それなのに、日本のプロ野球史上、なんと1番から9番までの全打順でホームランを打った選手が9人いる。名前をあげると、田中幸雄《たなかゆきお》選手（元日本《にっぽん》ハム）、井口資仁《いぐちただひと》選手（ロッテ）、松永浩美《まつながひろみ》選手（元阪急《はんきゅう》ほか）、堀幸一《ほりこういち》選手（元ロッテ）、古屋英夫《ふるやひでお》選手（元日本《にっぽん》ハムほか）、吉村裕基《よしむらゆうき》選手（ソフトバンク）、小川博文《おがわひろふみ》選手（元オリックスほか）、後藤光尊《ごとうみつたか》選手（楽天《らくてん》）、そして、五十嵐章人《いがらしあきひと》選手（元ロッテほか）だ。

9人ともスゴイことをやってのけたが、すべて、9番にも野手が入るパ・リーグの選手たちだから、なるほどと思える。しかし、じつはソフトバンクの吉村選手だけはちがう。セ・リーグの横浜《よこはま》（現在のDeNA）に在籍《ざいせき》していた時代、2009年に全打順本塁打《ほんるいだ》を達成したのだ。たしかにセ・リーグでも、投手の代打などで9番に入るときはあるから達成できたのだが、チャンスは少ないからスゴすぎる。

■全打順ホームランと全ポジション出場

もうひとり、スゴすぎるのは五十嵐章人選手だ。まず、全打順でホームランを打った9人の通算本塁打数を見ると、200本以上が3人、100本以上が4人。

後藤光尊《ごとうみつたか》選手も93本と100本ちかい。しかし、五十嵐《いがらし》選手は26本とかなり少ないので、それだけいろいろな打順に対応《たいおう》しやすいタイプだったといえる。それにしても、ホームランが少なくても4番をまかされたわけだから、なぞの選手でもある。もともとはどんな選手だったのだろう。

五十嵐選手は群馬《ぐんま》県の出身で、前橋商高《まえばししょうこう》から社会人野球の日本石油《にほんせきゆ》を経《へ》て、1990年のドラフト3位でロッテに入団《にゅうだん》した。高校ではエースとして甲子園《こうしえん》にも出場したが、社会人時代に左打ちの打撃《だげき》を生かすため野手に転向。プロには外野手として入団したあと、ショート、セカンドもこなした。それだけ守備《しゅび》も対応《たいおう》力があったことから、なんと五十嵐選手は捕手《ほしゅ》も投手もやっている。じつは全打順ホームランに全ポジション出場も達成した選手なのだ。

■なぜ、捕手でも投手でも出場した？

外野を守れて、ショート、セカンドもできる選手は、ほかの内野のポジションもふつうに守れる。しかし、捕手はまずやることはない。それがなぜ守ったのか。

全打順でホームランを打った五十嵐章人《いがらしあきひと》選手（元オリックス）。

ときは１９９５年の５月７日、オリックス戦。ロッテのレギュラー捕手《ほしゅ》が病気にかかって試合を休んでいるときのことだ。試合の終わりまぎわ、かわりの捕手が退場《たいじょう》になってしまい、だれもいなくなってしまった。そこで監督《かんとく》は、どこでも守れる五十嵐《いがらし》選手にマスクをかぶらせた。高校に入ってから捕手の経験《けいけん》はなかった五十嵐選手だが、なんとかミスもなく守ったのはスゴイ。

投手としてマウンドに上がったのは、１９９８年にオリックスに移籍《いせき》したあとのこと。２０００年6月3日の近鉄《きんてつ》戦、８回、五十嵐選手が四番手として登板した。ふつうなら、野手の五十嵐選手が登板することはないのだが、この試合、オリックスは先発投手が2回までに7点を取られて降板《こうばん》。リリーフ投手も打たれて、16点も取られてしまっていた。そこで監督が、五十嵐選手に全ポジション出場を達成させるため、登板させたのだった。高校時代はエースだった五十嵐選手。ヒットを1本打たれたものの、あとのバッターはおさえて点を取られなかった。

ちなみに、メジャーリーグでは、大差のついた試合で野手が登板することはよくある。日本とちがって年間１６２試合もおこなうので、なるべく投手を使いたくない、というのがその理由だ。

■たった1試合でも「4番のはたらき」

全ポジション出場を達成した五十嵐《いがらし》選手は、翌《よく》01年、今度は全打順での先発出場を達成する。6月22日の西武《せいぶ》戦。プロに入ってはじめて4番で先発したのだが、ちゃんと「4番のはたらき」をしてみせた。西武先発の西口文也《にしぐちふみや》投手からソロホームランをはなったのだ。このとき、五十嵐選手がホームランを打っていない打順は8番だけになった。

そして、オリックスから近鉄《きんてつ》に移籍《いせき》した02年。五十嵐選手は4月21日のダイエー（現在のソフトバンク）戦に8番・セカンドで出場し、5回に先制《せんせい》の2ランホームランをはなった。こうして、全ポジション出場、全打順先発出場、全打順ホームランを達成したのだ。その全打順ホームランだが、プロで4番を打ったのは1試合だけなのだから、かなり強運の持ち主ともいえる。

03年かぎりで引退《いんたい》したあとはソフトバンクの2軍コーチをつとめた五十嵐選手。プロ14年間の通算記録は、870試合に出場して422安打、26本塁打《ほんるいだ》、171打点、打率《だりつ》2割《わり》3分《ぶ》4厘《りん》だった。

第4章 ベンチにひかえる名脇役編《へん》

第4章　ベンチにひかえる名脇《わき》役《やく》編《へん》

■脇役がいるから主役が光り輝《かがや》く

　みんなもよく見るテレビアニメやドラマには、かならず主役がいる。その主役が活《かっ》躍《やく》するシーンが好きだから見る、という人も多いだろう。

　ここで、ちょっと想像《そうぞう》してみてほしい。主役は主役ひとりだけで活躍しているだろうか。おはなしによっては、敵《てき》やライバルがいると思う。主役と力を合わせる仲間や友だちもいるはずだ。そうした、主役以外の出演者《しゅつえんしゃ》たちを「脇役」とよぶ。脇役がいてはじめて、主役が光りかがやくのだ。

　じつはプロ野球も、アニメやドラマとおなじことがいえる。第2章と3章で解説《かいせつ》してきたポジションと打順は、9人のレギュラー選手たち、いうなればグラウンド上の主役たちのものだ。でも、プロ野球のベンチには全部で25人の選手がいる。残りの16人にもちゃんと役割《やくわり》があるから、いうなればチームの脇役たちだ。活躍すれば「名脇役」とよばれる。では、脇役《わきやく》にはどんな種類があるのだろうか。

■主役を助け、勝つために活躍《かつやく》する脇役

投手陣《じん》、野手陣、それぞれに脇役がいて、試合がはじまるとベンチにひかえている。だから「ひかえ選手」とよばれているのだが、投手陣は「ひかえ」の意味が少しちがうので、先に説明しておこう。

まず、先発投手については、エースが先発の一番手だとすると、だいたい二番手から五番手までの合計5人が順番で登板する。どの投手も試合がはじまったときにマウンドに立っているから、先発投手はみんな主役といっていい。だから「ひかえ」といえばリリーフ投手のことで、主役の先発がつかれたり、打たれたりしたとき、脇役のリリーフがかわりに登板して助けて、試合を進めていくのだ。

野手については、捕手《ほしゅ》、内野手、外野手、それぞれひかえ選手がベンチにいる。主役がケガしたときなどはもちろん、レギュラー選手の守備《しゅび》に不安があるとき、かわりに守る場合がある。勝っている試合の終わりごろに守備につくひかえ選手は、守りを

固めて点をやらないように活躍《かつやく》するので「守備《しゅび》固め」とよばれる。まずはこの脇役《わきやく》から解説《かいせつ》していこう。

■守備固めの選手にも注目しよう

守備固めの選手には、大きく分けて三つのタイプがある。

一つは、守りが得意だけれど、バッティングがまだレギュラーのレベルに達していない若《わか》い選手。たとえば、日本《にっぽん》ハムの中島卓也《なかしまたくや》選手は今やショートのレギュラーだが、2012年は105試合に出場したうち、60試合以上、守備固めで出ていた。

二つ目は、若いときからずっと守備のスペシャリスト（専門家《せんもんか》）として活躍している選手。たとえば、ソフトバンクの城所龍磨《きどころりゅうま》選手は、プロ6年目頃から外野の守備固めで活躍している。2015年はケガのため1試合しか出られなかったが、チームになくてはならない存在《そんざい》だ。

そして三つ目は、ベテランになってからも長く守りでチームを助ける選手。たとえば、日本ハムの飯山裕志《いいやまゆうじ》選手は、プロ19年目となる2016年には37歳《さい》になる内野手だが、外野もこなせるのがスゴイ。試合に出場したときには注目しよう。守備《しゅび》固めは、試合のとちゅうから出るので決して目立たない。それでもプロでは大事な役割《やくわり》だということを知っておこう。

守備《しゅび》固めとして信頼《しんらい》されている日本《にっぽん》ハムの飯山裕志《いいやまゆうじ》選手。

◆代打◆

■1試合1打席で勝負する代打

攻撃《こうげき》のひかえ選手として、「代打」、「代走」がいる。どちらも、負けている試合では特に大事な存在《そんざい》になる。そこでまずは代打について解説《かいせつ》していこう。

セ・リーグの試合をよく見ている人なら、知っているだろう。チャンスで9番バッターの投手に打席が回ってきたとき、監督《かんとく》がベンチから出て、審判《しんぱん》に手を差し出す。その先に立っているバッターが、かわりに打つ「代打」の選手だ。

もちろん、投手が打席に立たないパ・リーグにも代打はあるし、セ・リーグでも、投手のかわりだけでなく、野手のかわりに打つ場合もある。たいていは、あまり調子がよくない7番バッター、8番バッターのかわりに打つことが多い。

代打は、1試合のなかで1打席にかけるバッターだ。試合の展開《てんかい》によっては、5回、6回に代打で出て、そのまま守備《しゅび》についてもう一度、打席が回る場合もある。しかしふつうは試合の終わりごろに出ていくので、1打席になる。負けている場面で出ていくことが多いから、「ピンチヒッター」ともよばれる。

レギュラーは、1試合に4回は打席が回ってくる。たとえ1打席目、2打席目に打てなくても、3打席目、4打席目に打てばいい、と考えられる。その点、代打は1打席しかない。打てなかったら、次の試合までチャンスがないのだから、プロの選手でもかなりのプレッシャーがかかる。それだけたいへんな代打で活躍《かつやく》した選手たちは、どうやってヒットを打ち、ホームランを打ったのだろう。

■代打ホームランの世界記録を持つ男

プレッシャーのかかる代打は、ヒットを打つだけでもむずかしいのに、代打で通算ホームラン27本という世界記録を作った選手がいる。1960年代から80年代にかけて阪急《はんきゅう》（現在《げんざい》のオリックス）で活躍し、「代打男」とよばれた高井保弘《たかいやすひろ》選手だ。

27本って少ないんじゃ……と思った人もいるだろう。でも、代打で1シーズンで打つホームランの数は、多くても2～3本だ。2015年も、DeNAの後藤武敏《ごとうたけとし》選手

（登録名は後藤武敏《ごとうたけとしゴメス》G．）が記録した3本が両リーグを通じて最も多かった。

だから27本も打つには何年もかかるし、高井《たかい》選手はなんと、74年には1シーズンで6本も打っている。しかもこの年は、オールスターゲームに出場して逆転《ぎゃくてん》サヨナラホームランも打っているのだからスゴすぎる。ちなみに、アメリカのメジャーリーグでの代打ホームラン記録は23本が最高で、高井選手が4本も上回っている。

では、なぜ、それだけ勝負強かったのか。じっさいに高井選手に話を聞いてみると、三つのことを心がけていたという。

「まず一つ目は準備《じゅんび》すること。その次の二つ目にくるのが集中力。それで三つ目は、自信を持っていくことやな」

準備は、風向き、相手ピッチャーの持っている球種、試合の状況《じょうきょう》などを知っておくこと。集中力は、打席で相手ピッチャーにしっかり向き合うこと。そして自信を持つためには、「おれのほうが力は上だ」と自分に言い聞かせることだという。

代打で通算ホームラン27本という世界記録を作った高《たか》井《い》保弘《やすひろ》選手。

■勝負強さのひみつは〝クセ〟を見やぶること

しかも、高井《たかい》選手の場合、相手ピッチャーに対して自信を持てたのにはひみつがあった。そのひみつとは、相手ピッチャーの〝クセ〟を見やぶって、バッティングに生かすること。どんな〝クセ〟があるのか、高井選手に聞いてみた。

「たとえば、ある右ピッチャー。投げる瞬間《しゅんかん》、ほんのちょっと左ヒジが上がったらカーブがくる。逆《ぎゃく》に、ふっと下がってきたら速い球がくるわけ」

相手ピッチャーが投げる前にストレートか変化球かわかれば、当然、打ちやすい。1試合に1打席しかチャンスがない代打でも、ヒット、ホームランを打ちやすくなる。

〝クセ〟はピッチャーそれぞれでちがいがあり、ストレートと変化球でグラブの形が変わって見えるとか、ユニフォームの胸《むね》の文字の見え方が変わるとか、いろいろあった。そうして高井選手は〝クセ〟を見やぶったら、試合中でもすぐにベンチでメモして、次の打席に生かすようにしていたという。

ピッチャーの〝クセ〟を見やぶってバッティングに生かしていた選手は、ほかにもいたそうだ。しかし、映像《えいぞう》の技術《ぎじゅつ》が進歩していくにつれて、ピッチャーは自分のフォームに〝クセ〟があれば、それを見つけやすくなった。だから、〝クセ〟があってもなおしやすくなり、現在《げんざい》のプロ野球では、ほとんど〝クセ〟は見られなくなった。

ということは、高井《たかい》選手の世界記録をやぶる選手はあらわれないかもしれない。

■シーズン7本の代打記録を持つ男

高井選手に次いで、代打での通算ホームランが20本。歴代2位の代打記録を持っているのは、中日《ちゅうにち》と日本《にっぽん》ハムで活躍《かつやく》した大島康徳《おおしまやすのり》選手。1969年から94年まで、なんと26年間も現役《げんえき》生活をつづけた選手で、通算2204安打、382本塁打《ほんるいだ》、1234打点を記録した偉大《いだい》なバッターだ。

この大島選手、じつは高井選手を上回る代打の日本記録を持っている。1976年に達成した、1シーズンに代打ホームラン7本という記録だ。このときのことを大島選手に聞いてみると、ちょっと意外な答えがかえってきた。

「たしかに、代打で7本も打てたのはすごいことだと思います。でも、ぼくがこの年に打ったホームランは全部で11本。ということは、代打じゃなくて、スタメンで試合に出ているときに4本しか打ててない。4打席に立たせてもらったなかで、たったの4本しか打ってない。そのころについたあだ名が『集中力ない大島《おおしま》』でした」

代打でホームランをたくさん打てるバッターが「集中力ない」って、どういうことなんだろう。

■代打だけで打ってもしかたない

シーズン7本の記録を作った1976年。大島選手はプロ入り8年目の26歳《さい》とまだ若《わか》かった。完全にレギュラーになったわけではなかったので、調子が悪くなると、スタメンではなくベンチにひかえて代打になった。

「代打でダメだったら2軍におとされます。でも、そういうときにポンとホームランを打つから、監督《かんとく》は『まあ、しょうがない。1軍においておこうか』となる。なのに、また結果が出なくなって、代打になると打つ。そんなことのくりかえしになってしまうのは、やっぱり、バッターとしての集中力がなかったからだと思います。打てなくて、代打になってくやしくて、なにくそ、っていう気持ちが出たときは打てるのに、スタメンでは打てないんですから」
大島《おおしま》選手はその後、バッターとしてのほんとうの集中力は、相手ピッチャーを研究したり、相手の心理を読んだりしないと身につかない、と気づいた。気持ちだけでは、2000本もヒットを打てるバッターになれないのだ。

■甲子園《こうしえん》のファンをわかせる「神様」

試合が終わりに近づいたとき、チャンスの場面で代打に起用されるバッターは「代打の切り札」とよばれる。でも、阪神《はんしん》では特別に「代打の神様」とよばれて、登場するたびに甲子園の阪神ファンをわかせている。むかしから今にいたるまで、打撃《だげき》の名脇役《わきやく》がよく誕生《たんじょう》するチームなのだ。

最初に「代打の神様」とよばれたのは、八木裕《やぎひろし》選手。最も代打での活躍《かつやく》が光ったのが1997年からで、その当時の吉田義男《よしだよしお》監督《かんとく》が八木選手のことを「代打の神様」といったのがはじまりだ。97年には代打での打率《だりつ》が4割《わり》を記録するほどに打ちまくり、98年もよく打った。もともとはレギュラーで長打力のある選手だったが、ケガの影響《えいきょう》

「代打の神様」と呼《よ》ばれた八木裕《やぎひろし》選手。

もあって試合出場が少なくなったとき、見ごとに代打でよみがえったのだ。そんな八《や》木《ぎ》選手は代打で通算98打点をあげていて、これは歴代5位の数字だ。

■〝新・代打の神様〟も登場した阪神《はんしん》

次に「神様」とよばれたのは、左打ちの桧山進次郎《ひやましんじろう》選手。八木選手とおなじく、もともとはレギュラーでクリーンアップでも活躍《かつやく》していたが、だんだんと成績《せいせき》が下がって代打での出場が多くなった。通算の代打起用回数757回、111打点、158安打は、いずれも広島《ひろしま》の宮川孝雄《みやがわたかお》選手に次いで歴代2位。2013年に44歳《さい》で引退《いんたい》するまで、甲子園《こうしえん》のファンをわかせていた。

その後、関本賢太郎《せきもとけんたろう》選手も「神様」とよばれる勝負強さを見せたが、2015年かぎりで引退。それでも、同年の前半戦に活躍した狩野恵輔《かのうけいすけ》選手が「新・代打の神様」とよばれた。阪神の場合、八木選手の前にも真弓明信《まゆみあきのぶ》選手、川藤幸三《かわとうこうぞう》選手が代打で目立つ活躍をしていて、真弓選手は1994年にシーズン代打打点30というセ・リーグ記録を達成している。伝統《でんとう》ある球団《きゅうだん》は代打にも歴史があるので、これからも楽しみだ。

■代打逆転《ぎゃくてん》サヨナラ満塁《まんるい》ホームランがスゴイ

代打は、負けている試合のチャンスで起用されることが多い。だから当然、逆転タイムリー、逆転ホームランはもり上がるが、それが逆転サヨナラ満塁ホームランだったら、球場は割《わ》れんばかりの大歓声《かんせい》につつまれるだろう。

日本のプロ野球で、これまでに飛び出した代打逆転サヨナラ満塁ホームランは全部で8本ある。いちばん最近では、巨人《きょじん》の長野久義《ちょうのひさよし》選手がかっ飛ばしている。2011年10月22日、東京ドームでおこなわれた横浜《よこはま》（現在《げんざい》のDeNA）戦、1対2でむかえた9回裏《うら》、ライトスタンドにほうりこんだ。

この試合はシーズン最終戦で、打った長野選手は首位打者のタイトルを決定づけた。また、4回から最後まで投げた内海哲也《うつみてつや》投手には勝ち星が付いて18勝目をあげ、最多勝のタイトルを確定《かくてい》させた。がんばって投げた内海投手は、ホームインした長野選手と抱《だ》き合《あ》ったあと、泣いていた。両選手にとって記念すべき一発となった。

■代打の一発で優勝《ゆうしょう》が決まって胴上《どうあ》げ！

記念すべきといえば、8本の代打逆転《ぎゃくてん》サヨナラ満塁《まんるい》ホームランのなかでいちばんスゴイのが、今はない近鉄《きんてつ》で北川博敏《きたがわひろとし》選手がはなった一発だ（近鉄は2004年にオリックスと統合《とうごう》されたが、バファローズという名前は残っている）。

2001年9月26日、大阪《おおさか》ドーム（現在《げんざい》の京《きょう》セラドーム大阪）でおこなわれたオリックス戦。近鉄はこの試合に勝てば優勝《ゆうしょう》が決まることになっていた。しかし7回を終わって2対4。9回には1点を取られて2対5になって、熱心な近鉄ファンもあきらめかけていた。ところが9回裏《うら》、近鉄は無死満塁《まんるい》のチャンスをつかむと、北川選手が代打で登場。カウント1ボール2ストライクから打った打球が左中間スタンドに飛《と》び込《こ》んだ。6対5で勝った近鉄の優勝が決まり、選手たちは飛びはねてよろこび、当時の梨田昌孝《なしだまさたか》監督の胴上げがはじまった。日本のプロ野球史上、代打逆転サヨナラ〝優勝決定〟満塁ホームランはこの1本だけだ。

ちなみに、この年の北川選手は阪神《はんしん》から移籍《いせき》して1年目で29歳《さい》。4月にプロ初本塁《ほんるい》打《だ》を記録してチャンスをつかむと、サヨナラヒットを2本も打っていた。それだけの勝負強さがあったから、だれにもまねのできない一発を打てたのだ。

■ピッチャーなのに代打でホームラン

セ・リーグでは投手の打席でよく代打が起用される、という話はすでに書いた。ここで、それとはまったく逆《ぎゃく》の話をしよう。むかしのプロ野球では、投手が代打で起用されて、ホームランを打ったことがあったのだ。

そんなとんでもない力を発揮《はっき》したのは、通算400勝という偉大《いだい》な日本記録を持つ金田正一《かねだまさいち》投手。1950年代から60年代にかけて、国鉄《こくてつ》（現在《げんざい》のヤクルト）と巨人《きょじん》で活躍《かつやく》したが、バッティングもよかった。プロ20年間通算でヒットを406本も打って、ホームラン38本。そのうち2本を代打で打っている。

1本目が飛び出したのは、国鉄時代、1962年9月22日の広島《ひろしま》戦。0対1でむかえた8回、北川芳男《きたがわよしお》投手の代打で出た金田投手が、大石清《おおいしきよし》投手から2ランをはなって逆転《ぎゃくてん》勝ち。この年の金田投手はそれまでに5本もホームランを打っていたのだが、それにしても、代打で決勝ホームランとはスゴすぎる。

2本目は巨人《きょじん》時代、1968年6月26日の中日《ちゅうにち》戦。0対3でむかえた9回裏《うら》、宮田《みやた》征典《ゆきのり》投手の代打で出た金田投手が、小川健太郎《おがわけんたろう》投手からソロホームランを打って1対

3。その後、黒江《くろえ》透修《ゆきのぶ》選手もホームランを打って、2対3とつめよってやぶれたが、巨人ファンは金田投手の一発によろこんだ。当時の川上哲治《かわかみてつはる》監督は、ファンを楽しませるために金田投手を代打で起用していたという。

◆代走◆

■代打よりもたいへんな代走

あまりヒットを打てないバッターにかわって打つのが代打なら、あまり足が速くないランナーにかわって走るのが代走だ。代打とおなじように、攻撃《こうげき》のひかえ選手として、負けている試合では特に大事な存在《そんざい》になる。

ただ、おなじ攻撃のひかえ選手でも、代打と代走では大きなちがいがある。

代打はヒット、ホームランを打てば大成功、フォアボール、デッドボールでも出塁《しゅつるい》できるかもしれない。でも、代走は基本《きほん》的に、盗塁《とうるい》できるか、できないか。セーフか、アウトか、しかない。代打よりもずっとたいへんだ。

もちろん、代走の役割《やくわり》は盗塁だけではなく、ヒットが出たときにはより先の塁に進んで、ホームにかえってくることが大事だ。しかし一塁ランナーの代走に出た場合、相手バッテリーは「かならず走ってくる」と決めこんで警戒《けいかい》する。牽制球《けんせいきゅう》もどんどん投げられるし、全力で盗塁《とうるい》をふせごうとする。そんななかでスタートを切るのだから、スピードと技術《ぎじゅつ》はもちろん、そうとうの勇気が必要だ。

■なにがなんでもセーフになってやる

相手バッテリーが警戒《けいかい》するなか、あえて盗塁《とうるい》を決めにいって、チャンスを広げる代走。１シーズンでの代走盗塁数をいちばん多く記録したのは、今はない近鉄《きんてつ》というチームで活躍《かつやく》した藤瀬史朗《ふじせしろう》選手だ。１９７９年、25盗塁を決めた。しかも、この年は代走以外でも２つ決めていて、30回、盗塁をこころみて27回成功。ということは、盗塁成功率《りつ》は９割《わり》だからスゴイ。10回走って９回成功なのだから。

藤瀬選手は、大学時代に１００メートル11秒３を記録。ダメでもともと、と思って近鉄の入団《にゅうだん》テストを受けにいったら合格《ごうかく》した。最初は２軍の試合に出るばかりだったが、どんどん盗塁を決めていたら1軍に上がることができた。

プロ初出場も代走だった藤瀬選手。投手が牽制《けんせい》球を投げるときの〝クセ〟などを研究したのかと思えば、そうではなかった。「とにかくオレが代走に出たら、なにがなんでもセーフにやってやる！」という気持ちの強さだけで盗塁《とうるい》成功率《りつ》を上げたのだ。

そうして、プロ7年間で通算117盗塁を記録して、失敗は28。成功率は8割《わり》7厘《りん》だが、代走にかぎると、105盗塁を記録して失敗は23。成功率は8割2分《ぶ》になるから、むずかしい代走のほうがよく成功したのはスゴイ。

■相手にプレッシャーをかける代走

今のプロ野球で代走の達人といえば、巨人《きょじん》の鈴木尚広《すずきたかひろ》選手だ。

試合が終わりに近づく7回、8回、9回になると、オレンジ色の手袋《てぶくろ》がベンチの前のほうで目立つようになる。きっと、相手チームにとっては目ざわりだろう。じっさいに代走で出てきたら、走られなくてもプレッシャーがかかりつづける。それぐらい、鈴木選手の足と存在《そんざい》は大きなものになっている。

あらためて、その足と存在の大きさをしめしたのは、2014年5月26日、東京《とうきょう》ドームでおこなわれた交流戦の日本《にっぽん》ハム戦。同点でむかえた7回ノーアウト一塁《いちるい》で、鈴木選手が代走に出た。打席には長野久義《ちょうのひさよし》選手が入っていて、2球目にスタート。

しっかりと盗塁《とうるい》を決め、これで藤瀬《ふじせ》選手が持つ代走での盗塁数105個《こ》の日本記録をこえて、新記録を作ったのだ。

鈴木《すずき》選手が、福島《ふくしま》の相馬《そうま》高から内野手として巨人《きょじん》に入団《にゅうだん》したのは1997年。それから18年間もかけて積《つ》み上げたりっぱな日本記録。だが、1軍の試合にはじめて出場したのは2002年だから、プロ入りまもないころは苦労が多かった。故障《こしょう》しやすい体だったこともあり、5年間は2軍で努力をつづけていたのだ。

■強くていきおいのあるスライディング

高校時代、50メートルを6秒ちょうどで走っていた鈴木選手。それほど速い足に注目したのは、原辰徳監督《はらたつのりかんとく》だった。監督がまだヘッドコーチだったとき、秋季キャンプの練習中、ベースランニング一周13秒台で走ったことでみとめられたのだ。

その後、2001年のこと。鈴木選手は、阪神《はんしん》の赤星憲広《あかほしのりひろ》選手を目標にかかげた。赤星選手は入団《にゅうだん》1年目の01年から盗塁王にかがやいただけに、その走塁技術《ぎじゅつ》をお手本にして、自分に取り入れようと考えた。特に、強くていきおいのあるスライディングが参考になった。

そうして2002年、新たに原監督《はらかんとく》が就任《しゅうにん》すると、鈴木《すずき》選手ははじめて1軍に上がることができた。30試合に出場して4つの盗塁《とうるい》を決めたが、失敗も4つあった。成功率《りつ》を上げるために努力すると、翌年《よくとし》には打力もついて一気に100試合以上に出場。盗塁は19回こころみて失敗はわずかに1回だった。

さらに上をめざしてがんばろうとした鈴木選手は、ウエートトレーニングに取り組んだ。筋力《きんりょく》をつければ体が強くなり、足も速くなると考えたのだ。ところが、トレーニングの方法をまちがって、腰《こし》をケガしてしまう。試合にも多く出られなくなった。

■レギュラーあらそいには負けたけど

ケガという苦い経験《けいけん》から、トレーニングの方法をあらためて、2006年ごろから調子を上げていった鈴木選手。08年、09年はスタメンで出る試合もふえたのだが、レギュラーをねらう気持ちはどれぐらいあったのだろう。鈴木選手に聞いてみると、こんな答えがかえってきた。

「代走の達人」巨人《きょじん》の鈴木《すずき》尚広《たかひろ》選手。

「20代のときは体もよく動きますし、レギュラーに対するこだわりはつねに持っていました。でも、巨人《きょじん》というチームは、勝つために毎年、毎年、いい選手がどんどん新しく入ってきます。そのなかでぼくはレギュラーあらそいに負けて、自分でつかみ切れなかった、というところもあるんです。じゃあ、チームのなかで自分の立場はどういうものなのか、自分をいちばん生かせるものはなにか、考えました」

レギュラーをめざしつづけてがんばるか、ベンチでひかえていてあとから試合に出る選手になるか、なやんだときはあったそうだ。なやみがふっきれたのは、自分のいちばん得意なものを生かしたい、と思ったときだという。

「チームのなかでただひとつ、ぼくがだれにも負けないものが足だったんです。だったら、あとから出る選手だけど、チームにとって欠かせない存在《そんざい》になりたいな、という気持ちでがんばってきました」

■代走は観察と試合前の準備《じゅんび》が大事

あとから出る選手として、チームのためにがんばる——。その気持ちが、代走での盗塁《とうるい》の新記録を生み出し、ベンチにいるだけで相手にプレッシャーをあたえることにつながった。じっさい、目標にしていた赤星《あかほし》選手は、重いケガのために09年かぎりで現役《げんえき》を引退《いんたい》したあと、鈴木《すずき》選手をこう評《ひょう》している。

「相手ベンチにいるだけで、強烈《きょうれつ》な代打が残っている以上のインパクトがある。自分が足で負けると思った選手」

では、鈴木選手自身、相手のことをどう見ているのだろうか。

「たとえば、相手の中継《なかつ》ぎにどういうピッチャーが出てくるか。そのピッチャーの牽《けん》制《せい》の傾向《けいこう》はどうか、性格《せいかく》的にはどうなのか。キャッチャーはどういうふうに考えているんだろうか。ベンチの動きはどうかな、バッテリーコーチはどういうサインを送っているだろうか。そういうところを見ていますね」

それだけの観察、試合前の準備《じゅんび》があってはじめて、代走として盗塁を決められる。足が速くて、盗塁の技術《ぎじゅつ》があるだけでは、むずかしいのだ。

■代走で初めてのオールスターゲーム出場

２０１５年、鈴木《すずき》選手にとって印象的な出来事がたくさん起きた。

まず、5月3日の阪神《はんしん》戦では、6年ぶりとなるホームラン。7対3とリードした8回、相手にとどめをさす3ランだった。

さらに7月には、原監督《はらかんとく》の推薦《すいせん》によって、プロ19年目ではじめてオールスターゲームにえらばれて出場。これまで、代打での活躍《かつやく》でえらばれた選手はいたが、代走と守《しゅ》備《び》固めでは鈴木選手がはじめてだった。じっさい、オールスターゲームでは2試合とも見ごとに盗塁《とうるい》を決めた。そのときの気持ちはどうだったのだろう。

「初球から走れ、というファンのみなさんの熱い思いを感じました。シーズン中は、自分のなかでスタートを切れるんですけど、あのときはファンのみなさんにつき動かされてスタートした、というのが正直な思いです」

そして、オールスターが終わってまもない7月30日のＤｅＮＡ戦。1対1の同点でむかえた9回裏《うら》、ツーアウト一《いち》、二塁《にるい》から鈴木選手がタイムリーを打って巨人《きょじん》がサヨナラ勝ち。鈴木選手にとっては、プロ19年目で初めてのサヨナラヒットだった。

■プロが教える「速く走るポイント」

あとから試合に出るひかえ選手でも、しっかりしたプレーをつづけていれば、かならずかがやける——。そんな大事なことをつたえてくれる鈴木《すずき》選手に、速く走るためのポイントを聞いた。

「足首をやわらかく使えると、いい走りができます。前へ進む力になるからです。地面についたカカトに体重が乗ったら、足首をやわらかく動かして前に進む。足にかかる力がバランスよくはたらけば、足は確実《かくじつ》に速くなります。ベタベタと足全体に体重を乗せていたら、スピードは上がりません。ふだんの生活で歩くときから、足首の使い方を意識《いしき》してみましょう」

さらに、「足で地面をたたくように走る」、「ひざを前に出して走る」、「下を見ずに、目線は前方のゴールをしっかり見て走る（盗塁《とうるい》だったら、二塁《にるい》、三塁ベースをしっかり見て走る）」といいそうだ。

巨人《きょじん》の選手として「つねに日本一」を目標として、「40歳《さい》になってもスピードがおちないこと」をめざすという鈴木選手。これからもその走りに注目しよう。

■代走から始まってレギュラーに

鈴木《すずき》選手は、目標にしていたレギュラーにちかづきながら、代走と守備《しゅび》固めになった。それとは反対に、代走からスタートして、レギュラーをつかんだ選手もいる。広島《ひろしま》、西武《せいぶ》、ヤクルトでプレーした福地寿樹《ふくちかずき》選手だ。

福地選手は1994年、佐賀《さが》の杵島《きしま》商高から広島に入団《にゅうだん》。95年から98年まで、2軍のウエスタン・リーグで4年連続の盗塁《とうるい》王にかがやき、早くから足の速さを見せつけていた。すると、プロ6年目の99年からおもに代走で1軍の試合に出るようになり、2000年から4年連続で10盗塁以上を記録する。しかし、その後はケガもあって、目立つ活躍《かつやく》ができなかった。

そんななかで2006年、福地選手はトレードで西武に移籍《いせき》。打力がついて一気に試合出場がふえ、自己《じこ》最多の25盗塁を記録。翌《よく》07年はレギュラーをつかみきれなかったものの、盗塁は28個《こ》をマークした。もともと、足を生かす野球を得意とする西武で、ねむっていた才能《さいのう》がめざめたような印象があった。しかし、その年のオフ、ヤクルトからFAの石井一久《いしいかずひさ》投手が移籍してきたため、人的補償《ほしょう》という制度《せいど》によって、福地選

代走からレギュラーをつかんだ福地《ふくち》寿樹《かずき》選手。

手はヤクルトに移ることになった。

■野球はいかに足が大事か

ふつうなら、突然《とつぜん》の環境《かんきょう》の変化で、調子が悪くなってもおかしくない。じっさい、2008年の開幕戦《かいまくせん》はスタメンで出場できなかった。それでも福地《ふくち》選手はだんだんと調子を上げて、1番バッターとして定着。足を重視《じゅうし》する当時の高田繁監督《たかだしげるかんとく》の野球にもぴったり合って、走塁《そうるい》はもちろん打撃《だげき》でも活躍《かつやく》した。

終わってみれば、打率《だりつ》3割《わり》2分《ぶ》、9本塁打《ほんるいだ》、61打点と自己《じこ》ベストの打撃成績《だげきせいせき》を残し、42盗塁《とうるい》をマークしてはじめて盗塁王のタイトルを獲得《かくとく》。翌《よく》09年もレギュラーとして活躍し、おなじく42盗塁で2年連続の盗塁王。その後はケガもあって成績《せいせき》が下がり、出番も少なくなったが、代走と守備《しゅび》固めでチームに貢献《こうけん》するようになった。

代走でチャンスをつかみ、移籍《いせき》で才能《さいのう》を花開かせて、プロ野球の歴史に名を残すタイトルにかがやいたあと、ふたたび代走になった福地選手。2012年かぎりで現役《げんえき》を引退《いんたい》したあとは、ヤクルトの外野守備走塁コーチになった。野球はいかに足が大事か、よくわかる野球人生といえるだろう。

■キミも代打、代走、守備《しゅび》固めで活躍《かつやく》できる

学童野球のチームも、9人のレギュラー選手だけでなりたっているわけでない。試合前のスタメン発表で名前をよばれなくても、がっかりする必要はない。

レギュラーの選手があまりにも打てなければ、ひかえ選手のなかでいちばんバッティングのいい選手が代打で出ることはある。代打でヒットを打った選手の足が速くなければ、もっと足の速い選手が代走で出るときだってある。エラーがつづいた選手が交代させられることもある。

だから、ひかえ選手になったとしても、いつも心の準備《じゅんび》をしておこう。一生けんめいにおうえんしながら、試合の状況《じょうきょう》をしっかり頭に入れておこう。野球はいつなにがおきるかわからないし、選手がケガをする場合もある。

代打でヒットを打ち、代走で盗塁《とうるい》を決めて、守備固めでいいプレーがあれば、レギュラーにちかづく。それはプロ野球とおなじなのだ。

付録：モノ知りプロ野球用語事典

プロ野球が好きになると、試合を観戦するだけでなく、テレビのニュースや新聞などで、野球の情報《じょうほう》にふれることが多くなる。チームや選手のくわしい情報がわかると、プロ野球がもっとおもしろくなるはずだ。

この事典では、テレビや新聞によく出てくるプロ野球用語を解説《かいせつ》している。わからないことばや、意味を知りたいことばが出てきたら、さっそくしらべてみよう。

【NPB】

日本野球機構《きこう》（Nippon Professional Baseball Organization）のことで、「エヌ・ピー・ビー」とよばれる。日本プロ野球のセントラル・リーグ（セ・リーグ）とパシフィック・リーグ（パ・リーグ）をまとめている団体《だんたい》で、審判《しんぱん》部、記録部もふくまれる。

リーグ優勝《ゆうしょう》を決める公式戦以外の、日本シリーズとオールスターゲーム試合は、

NPBによっておこなわれている。

【コミッショナー】

日本プロ野球の最高責任者《せきにんしゃ》。おもな仕事は、野球界でなにか問題がおきたときに、問題を解決《かいけつ》するための判断《はんだん》をくだすこと。そのため、裁判《さいばん》に関係する仕事や、犯罪《はんざい》をしらべる仕事をしていた人が就任《しゅうにん》することが多い。たとえば、試合中に乱闘《らんとう》がおきて退場《たいじょう》になった選手から、罰《ばつ》としてお金をはらわせるのも仕事のひとつだ。

【オーナー】

球団《きゅうだん》を所有する（持っている）代表者のこと。日本のプロ野球の12球団は、オーナー企業《きぎょう》とよばれる12の会社によって運営《うんえい》されている（ほとんどの球団名はオーナー企業の名前にちなんでいる）。だから、たいていはその会社の社長や会長がオーナーとなる。球団にとってはいちばん大事な人だ。

NPBにとっても大事な12球団のオーナーたちは、「オーナー会議」といわれる話し合いの場に出席する。そこでコミッショナーをえらぶなど、プロ野球全体にかかわる重要なことがらを決めていく。

【GM】

ジェネラル・マネージャー（General Manager）のことで「ジー・エム」とよばれる。球団《きゅうだん》によっては、編成《へんせい》部長、本部長といった名前でよばれている。チームをつくり、戦力をととのえて、強くなるようにするのが仕事だ。その内容《ないよう》は監督《かんとく》・コーチを決めることにはじまり、新人選手、外国人選手をとること、チームの選手を他球団の選手と入れかえること（トレード）などさまざまだ。

【トレード】

チームの戦力をととのえるため、他球団の選手をとって入れかえること。選手と選手を交かんする場合もあれば、選手とお金を交かんする場合(金銭《きんせん》トレード）もある。

たとえば、いい投手がたくさんいても、打力が足りないチームの場合。反対に、投手が足りないチームに声をかけ、「投手とのこうかんでバッターがほしい」とトレードをもうしこむ。おたがいにもとめた選手の力がつりあえば、トレードが成り立つ。

トレードで移籍《いせき》する（チームが変わる）選手は、最初はショックを受けて悲しむこともある。しかし必要とされていくのだからチャンスは多い。むかしから、トレードをきっかけにして、大活躍《かつやく》できた選手はたくさんいるのだ。

ちなみに、トレードはシーズンが終わったあとだけでなく、シーズン中にもおこなわれる。ただし、トレードできるのは7月31日までだ。

【スカウト】

アマチュア野球の優秀《ゆうしゅう》な選手をプロの球団《きゅうだん》にさそう仕事。各球団とも8～10人ほどのスカウトがいて、北は北海道《ほっかいどう》から南は九州《きゅうしゅう》・沖縄《おきなわ》まで、各地区に分かれて担当《たんとう》する。高校、大学、社会人で活躍している選手をじっさいに見て、年に一度のドラフト会議でだれを指名するかを決める。

【ドラフト会議】

毎年10月、12球団《きゅうだん》の担当者《たんとう》（球団社長、GM、編成部長《へんせい》、監督《かんとく》、スカウトなど）が集まっておこなわれる、新人選手をえらぶ会議。1位から順番に指名していくが、球団によって指名人数はことなる。1位指名は、全球団がいっせいに選手名を提出《ていしゅつ》。指名がかさなった場合はクジ引きで決める。育成ドラフト（→育成選手の項《こう》で解説《かいせつ》）をふくめて、毎年、100人前後の選手が指名されている。

【契約《けいやく》金と年俸《ねんぽう》】

ドラフトで指名されて入団《にゅうだん》した新人選手には契約金が支払《しはら》われ、1年目の年俸（1年間の給料）が決まる。ドラフト1位で入団した選手の金額《きんがく》はどちらも高くなる。2015年に入団した新人選手の場合、契約金は最高で1億円、1年目の年俸は最高で1500万円だった。

【育成選手】

すぐに試合で活躍《かつやく》することではなく、育てることが目的でとる選手。球団は育成ドラフトで指名できる。おなじプロ野球選手だが、年俸《ねんぽう》が低く、契約《けいやく》年数が短く、2軍の試合にしか出られないなど、ふつうの選手（支配《しはい》下選手）にはないきびしさがある。背番号《せばんごう》は3けたの数字だ。

でも、しっかり練習して、まずは2軍の試合で結果を出せば、1軍で活躍《かつやく》するチャンスをもらえる。さらに結果を出せば、一流選手の仲間入りもできるのだ。たとえば、巨人《きょじん》のセットアッパーをつとめる山口鉄也《やまぐちてつや》投手、ロッテの抑《おさ》えをつとめる西野勇士《にしのゆうじ》投手は、はじめは育成選手だった。もしも2軍の試合を観戦することがあって、3ケタの背番号の選手を見かけたらおうえんしよう！

【契約更改《こうかい》】

プロ野球選手は、1年ごとに球団と契約《けいやく》して、チームの一員になっている。入《にゅう》団《だん》1年目の年俸が、2年目に上がるとはかぎらない。すべては、1年目の成績《せいせき》がどうだったかで決まる。成績によっては何倍にも上がる場合もあるし、下がる場合もあるし、変わらない場合もある。そうして、球団との話し合いによって、2年目の年俸が決まれば、最初の「契約更改」となるのだ。

【戦力外通告】

プロ野球選手は、だれもがずっと長く球団《きゅうだん》にいられるわけではない。なかなか成績《せいせき》が上がらなかったり、調子がよくない年がつづいたりすると、1軍の試合で活躍《かつやく》できない。すると、年俸《ねんぽう》は下がっていく。下がる一方だと契約更改《けいやくこうかい》してもらえなくなり、残念ながら、「来年は戦力と考えていないので、あなたとは契約しません」といわれて退団《たいだん》していく。それが戦力外通告だ。

【12球団合同トライアウト】

戦力外通告された選手は、その球団と契約できなくても、他球団では必要とされ、契約できるかもしれない。そこで、退団した選手がチャンスをえられる場として、毎年11月、12球団合同トライアウトがおこなわれる。試合形式で投手と打者が対戦する姿《すがた》を各球団の編成担当《へんせいたんとう》者が見て、必要かどうかを判断《はんだん》していくのだ。

【FA】

フリーエージェント（Free Agent）のことで、「エフ・エー」といわれる。トレードとはちがい、選手が自分で移籍《いせき》したい球団《きゅうだん》を自由にえらべる権利《けんり》だ。その権利は、1軍登録145日を1年として、7～9年でえられる。メジャーリーグのチームをはじめ、海外の球団に移籍できる権利は9年でえられる。

FAの選手は、年俸《ねんぽう》が高い順番にランクA、ランクB、ランクCに分けられる。このうち、ランクA、Bの選手をとった球団は、その選手が前にいた球団に対して、補償《ほしょう》をしなければいけない。補償は人的補償と金銭《きんせん》補償で、人的補償の場合には、選手を1名とられることになる（球団はあらかじめ移籍させたくない選手28名をえらんでおき、それ以外の選手から1名とられる）。

【自主トレ】

自主トレーニングを略《りゃく》した用語。年が明けて1月、選手が自主的におこなう練習のことで、監督《かんとく》・コーチは見るだけで参加しない。また、ユニフォームを着てはいけないことになっている。

【キャンプ】

自主トレを終えた選手たちは、2月1日からユニフォームを着て、春季キャンプでの練習をはじめる。一カ月ちかくかけて体をきたえ、紅白《こうはく》戦などで実戦的な練習もおこなう。2月の日本はまだ寒い時期なので、あたたかい沖縄《おきなわ》、宮崎《みやざき》などがキャンプの場所となる。また、シーズンがおわったあとには、秋季キャンプがおこなわれる。

【オープン戦】

春季キャンプが終わるころの2月下旬《げじゅん》から3月下旬にかけて、日本各地でおこなわれる試合。公式戦ではないので、キャンプの場所がちかい球団《きゅうだん》同士で戦ったり、セ・リーグのチーム対パ・リーグのチームで戦ったりする。

新人選手や若手《わかて》の選手は、オープン戦の成績《せいせき》がいいと、1軍でプレーするチャンスがふえる。試合に勝つか負けるかも大事だが、長いシーズンの開幕《かいまく》に向けて、監督《かんとく》がいろいろなことをためす場でもあるのだ。

【公式戦】

セ・リーグ、パ・リーグの各チーム、優勝《ゆうしょう》をめざして全143試合を戦うのが公式戦だ。その優勝旗《き》が「ペナント」とよばれることから、ペナントレースともいう。おなじリーグの相手5球団《きゅうだん》とは、年間に25試合ずつ戦う。

【ファーム】

2軍のこと。12球団がイースタン・リーグとウエスタンリーグに分かれ、各球団、年間110試合前後をおこなう。シーズン終了《しゅうりょう》後、両リーグの優勝チーム同士がファーム日本選手権《せんしゅけん》で対決（1試合）、ファーム日本一を決める。2015年はソフトバンクと巨人《きょじん》が戦い、ソフトバンクが優勝した。

【交流戦】

リーグの戦いとは別に、セ・リーグのチーム対パ・リーグのチームで対戦する試合。2005年からはじまり、最初は全チームが36試合を戦っていた。それが2007年から24試合になり、2015年から18試合になった。

【クライマックスシリーズ】

セ・リーグ、パ・リーグとも1位、2位、3位のチームに出場権《けん》がある、日本シリーズ進出をかけた戦い。最初に2位対3位のファーストステージをおこない、先に2勝したチームが、1位と戦うファイナルステージに進出。先に4勝したチームが日本シリーズに出場できるが、1位チームにはあらかじめ1勝があたえられていて、ずっとホーム球場で戦える。そのため、めったに1位チームは負けないのだが、2007年には2位の中日《ちゅうにち》が、2010年には3位のロッテが、2014年には2位の阪神《はんしん》が日本シリーズに進出した。

【日本シリーズ】

クライマックスシリーズを勝《か》ち抜《ぬ》いてきたチーム同士が、日本一の栄冠《えいかん》をかけて戦う。最大7試合をおこなうが、どちらかが4勝した時点で戦いは終わる。第1戦から4連勝した場合には、4試合で終わることになる。

■参考文献■

[書籍]
『プロ野球 勝つための頭脳プレー』（辻発彦著／青春出版社）
『巧守巧走列伝』（スポールグラフィック「ナンバー」編／文春文庫）

[雑誌]
『中学野球小僧』2005 年7月号、2007 年9月号、2008 年5月号、2009 年3月号、2009 年7月号、2011 年1月号（以上、白夜書房）
『中学野球太郎』Vol. 4（廣済堂出版）
『熱中！ 野球部』2010 Vol.1（ベースボール・マガジン社）

[WEB]
Number Web —スポーツ総合雑誌ナンバー公式サイト
（http://number.bunshun.jp）

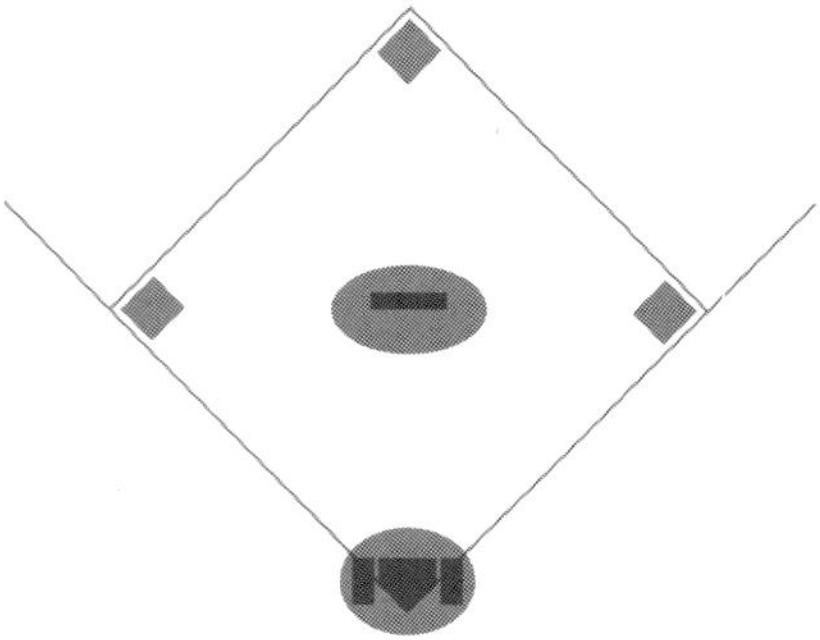

●みなさまのお便りをおまちしております。

〒102-8519
東京都千代田区麹町4-2-6　9F
株式会社ポプラ社　児童書事業局
ポケット文庫『プロ野球のスゴイ話』係

高橋安幸（たかはしやすゆき）
1965年新潟県生まれ。日本大学芸術学部卒業後、出版社勤務を経てフリーライター兼編集者となる。おもな著書に『伝説のプロ野球選手に会いに行く』（廣済堂文庫）がある。
『野球太郎』編集部（ナックルボールスタジアム）
2012年に発足した野球専門の編集部。同年より野球専門誌『野球太郎』（イマジニア株式会社　ナックルボールスタジアム）を発行している。他には、中学野球専門誌『中学野球太郎』、スマートフォンサイト『週刊野球太郎』（http://yakyutaro.jp）の編集、インターネットの有名サイトに野球の記事を配信している。

企画・構成:高橋安幸、『野球太郎』編集部（成澤浩一・持木秀仁・西山裕貴・鈴木丈夫）@イマジニア株式会社　ナックルボールスタジアム
写真協力:スポーツニッポン新聞社、『野球太郎』編集部

2015年12月　第1刷　　　2019年10月　第6刷

ポプラポケット文庫809-5

プロ野球のスゴイ話　最強ベストナイン編

著　者　高橋安幸&『野球太郎』編集部
発行者　千葉 均
編　集　後藤正夫
発行所　株式会社ポプラ社
〒102-8519　東京都千代田区麹町4-2-6　8・9F
電話（編集）03-5877-8108　（営業）03-5877-8109
ホームページ www.poplar.co.jp
印刷　中央精版印刷株式会社
製本　大和製本株式会社
フォーマット デザイン　濱田悦裕
装丁・本文デザイン　楢原直子（ポプラ社）

©Imagineer Co., Ltd. Knuckleball Stadium 2015　Printed in Japan
ISBN978-4-591-14762-7　N.D.C.916　220p　18cm

落丁本・乱丁本はお取り替えいたします。
小社宛にご連絡下さい。
電話0120-666-553　受付時間は月～金曜日、9:00～17:00（祝日・休日は除く）
本書のコピー、スキャン、デジタル化等の無断複製は著作権法上での例外を除き禁じられています。本書を代行業者等の第三者に依頼してスキャンやデジタル化することは、たとえ個人や家庭内での利用であっても著作権法上認められておりません。

P8039016

ポプラ ポケット文庫

高校野球のスゴイ話

著　『野球太郎』編集部

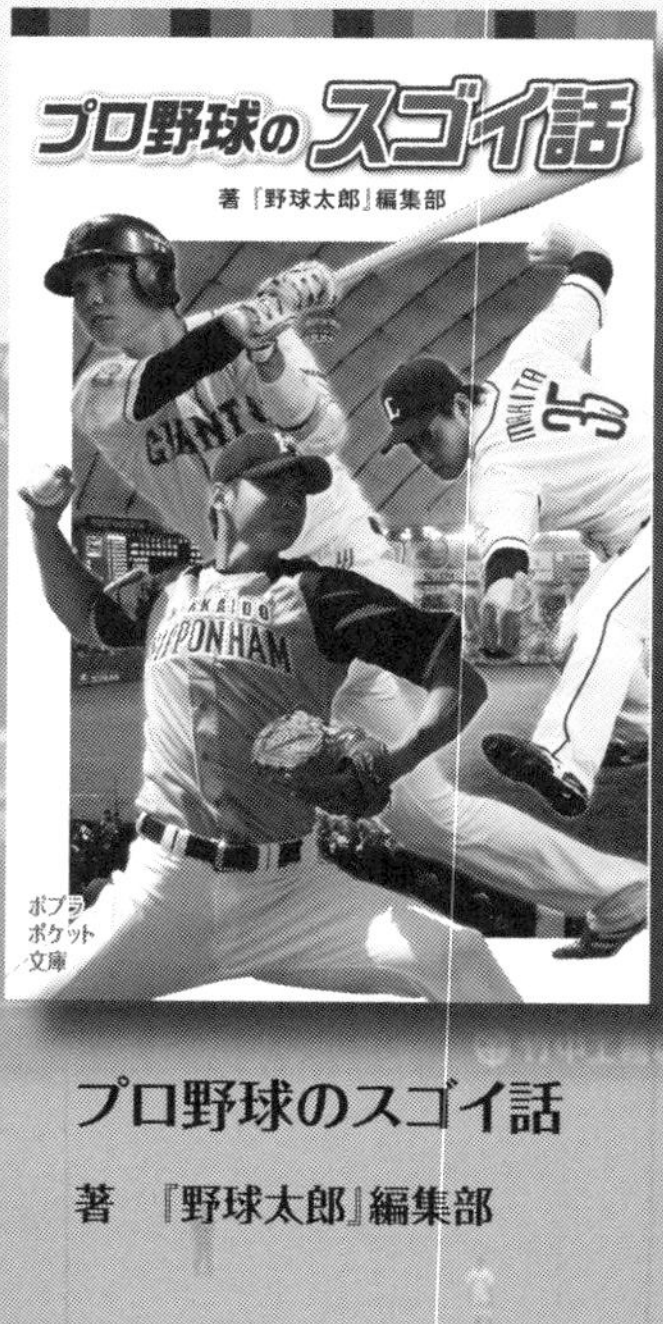

プロ野球のスゴイ話

著　『野球太郎』編集部

好評発売中!

ポプラ社

ポプラ ポケット文庫

メジャーリーグの
スゴイ話

著　『野球太郎』編集部

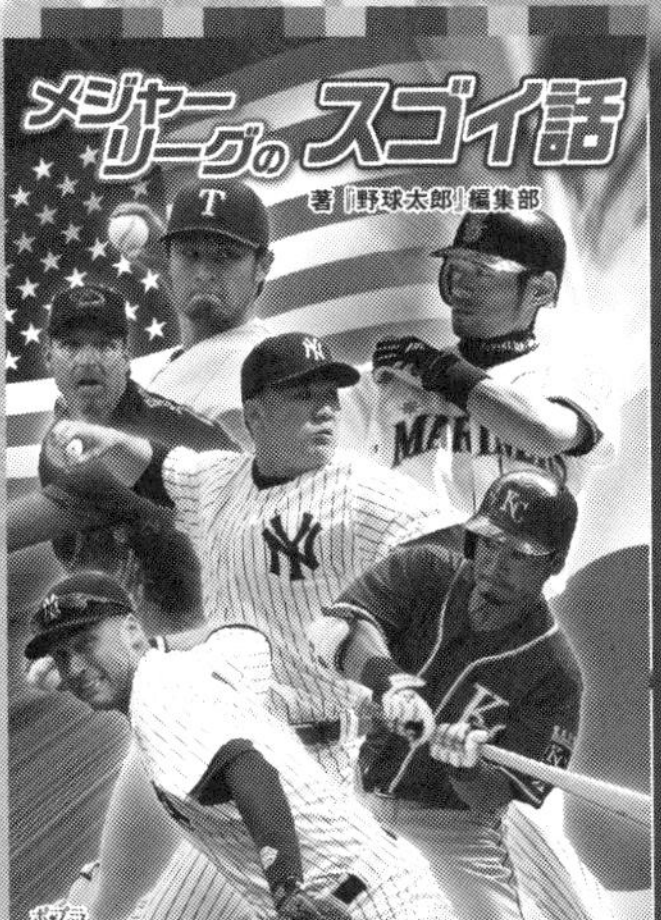

プロ野球のスゴイ話
プロ野球はじめて物語

著　高橋安幸&
『野球太郎』編集部

好評発売中!

ポプラ社

みなさんとともに明るい未来を

一九七六年、ポプラ社は日本の未来ある少年少女のみなさんのしなやかな成長を希《ねが》って、「ポプラ社文庫」を刊行しました。

二十世紀から二十一世紀へ――この世紀に亘《わた》る激動の三十年間に、ポプラ社文庫は、みなさんの圧倒的な支持をいただき、発行された本は、八五一点。刊行された本は、何と四千万冊に及びました。このことはみなさんが一生懸命《いっしょうけんめい》本を読んでくださったという証左《あかし》でもあります。

しかしこの三十年間に世界はもとよりみなさんをとりまく状況も一変しました。地球温暖化による環境破壊、大地震、大津波、それに悲しい戦争もありました。多くの若いみなさんのかけがえのない生命も無惨《むざん》にうばわれました。そしていまだに続く、戦争や無差別テロ、病気や飢餓《きが》……、ほんとうに悲しいことばかりです。

でも決してあきらめてはいけないのです。誰もがさわやかに明るく生きられる社会を、世界をつくり得る、限りない知恵と勇気がみなさんにはあるのですから。

――若者が本を読まない国に未来はないと言います。

創立六十周年を迎えんとするこの年に、ポプラ社は新たに強力な執筆者《しっぴつしゃ》と志《こころざし》を同じくするすべての関係者のご支援をいただき、「ポプラポケット文庫」を創刊いたします。

二〇〇五年十月

株式会社ポプラ社